街歩き 音楽の旅

石畳を音楽の風が吹くⅡ
♬ベルリンからの旅　♬ウィーンへ帰る旅

鈴江　昭

東京図書出版

序　「風に吹かれて」

　音楽を聴くために旅に出る。

　若者たちに、「旅」とりわけ「一人旅」の魅力、そして「旅に駆られる心」に気づいてほしいと思ってきた。

「旅の心」はいつも心の奥にじっと潜んでいる。

　多忙な日常。

　今日のこと、明日のこと、将来のこと、家族のこと、大事な人との関係、目の前の仕事や学業、やりかけ半分の書類……。くり返される日常生活。

　その日常生活の中で生み出される「日常性」。――「日々の心のサイクル」。

　その頑強な「日常性に埋没して生きる時間」。

　その日常性の厚い皮膜に内側から穴を穿つひな鳥のように、殻を破って飛び出してほしい。

　潜んでいる「旅の心」に気づいてほしいと。

　表現者たれ

　どっぷり浸かった
　「日常」から
　イルカのように
　ジャンプせよ

　そう

息を整えよ
そして、そいつを思いっきり吹き出せ
諸君

自分の音がたつ
友の音が聞こえる

表現者たれ

「日常」は
再び　新しい光によって
照射される

「旅に出ること」と「表現すること」は直接繋がっているわ
けではないが、どちらも「日常」を出でて、自らの日常性を
俯瞰する営みに違いない。
　俳句等の「吟行」は、「表現」への時間であり、「小さな
旅」に違いないのだから。

　6日間でいい。
　因みに、例えば「ウィーンの6日間」。
　ホテルと飛行機の経費は、各社10万円前後の攻防である。
　コンサート等のチケット代と現地活動費を入れて、どうだ
ろう?
　月2万円セーブして、20万円で、音楽を聴きに行かない
か?

オーケストラ[*1]の活動拠点へ出かけて行く。

教会でオルガン演奏を聴く。

街角の大道芸人（ストリートミュージシャン）に立ち止まってみる。

3連休の前後に3日繋いで、6日間の旅を創り出そう。

1年間に数回ある3連休。「6日間」は短いようで意外と頑丈な日々だ。

私が通っているスポーツジムでよく出会う吹奏楽部出身の若い女性（たぶん大学生）が、しばらく顔を見せなくなったことがあった。退会したのかな、と思っていた頃、久しぶりに顔を見せた。

「忙しいみたいだね」と声をかけたら、「パリに行ってきました」と答えてくれた。3月である。

モンマルトルは行ってきた？　バトー・ムッシュ（セーヌ川クルーズ）、ルーブル？　といくつかの野暮な質問をしたが、彼女は反応しなかった。

そうか、街歩きなのか。

きっと卒業旅行として、一人で「パリ街歩き」をしてきたのだと思った。

私は清々しい気分でエアロバイクを漕いだ。

旅の途中でも、街歩きをしている若い人によく出会う。

ウィーン国立歌劇場（以下、ウィーンオペラ座）でたまたま隣に座った青年に声を掛けてみた。

[*1]　「オーケストラ」210ページ

「よくオペラをご覧になるのですか？」

「いえ、初めてです。イギリスからフランスなどを経て、今日、ウィーンに着きました。……ウィーンに来たらここは外せないと。……」

目をくりくり輝かせてオペラを観ていたあの青年にもとても好感が持てた。きっと素敵な大人になるに違いないと。

これもウィーンだったか？　レストランで一人旅風の青年と短い会話を交わしたことがあった。

彼は、「貧乏旅行をしています」と言って、テーブルに置いてあるパンをごっそりリュックに詰めて、「では、お先に失礼します」と言って旅の人となった。同じ日本人にも遠慮しないぐらい、いわゆる貧乏旅行に慣れているように思えた。

貧乏旅行には大賛成で、「がんばってね」と見送ったが、この時の清々しさには、少し哀しい彩りが混じっていたように記憶している。

（この店では、確かテーブルに置いてあるパンは無料だったように記憶している。ウィーンなどでは、置いてあるパンは無料の店もあったが、テーブルでの会計の時、代金を求められることもあったように思う）

言葉が不安だという若者もいた。

空港で、ホテルで、街角で、ワンワードではなく、そう中学校で習った短いワンセンテンスでいこう。

何がほしいか？　どこへ行きたいか？　この店はどこか？　コンサートホールへはこの道でいいか？……

ヴェネチアの駅で、ウィーンへの夜行列車を待っている時、ある国で兵役を終えた帰り途に旅をしている、という韓国の青年と話すことがあった。大変わかりやすく流暢な英語だった。
「自分の今」をきちんと説明できること、少し感情表現もできること、流暢だと思った。私がいくつか質問し、彼が多くを語る時間だった。
……
　──「片雲の風にさそはれて、漂泊の思ひやまず」と言ったのは芭蕉だったか。
「ちぎれ雲が、風に誘われてふわふわと漂うように、私もさすらいの旅に出たい」といった意味だろうか？
　ベビーブーマーの私は、高校時代、ラジオから流れてきたボブ・ディランの『風に吹かれて』という歌と出会い、その時代の社会へのメッセージ性に共感すると共に、「風に吹かれて」という言葉が心に残り、その後の人生の中で、幾度も自分の「引き出し」から取り出す言葉になった。
「Blowin' in the wind」
　……その答えは、風の中にある（風に吹かれている）。

　時に、「風に吹かれて」みて、わかる時がある。
　時に、「風に吹かれて」みて、隠れていた答えが見つかることがある。
　そう、「風に吹かれて」みないと、見えないことがある。
　できれば、若い日に、一人で行こう。
　疲れるほどいっぱい感じて……。

そして、戻ってこよう、大切な「日常」に。

＊1　このリポート『街歩き 音楽の旅 ── 石畳を音楽の風が吹く
　　Ⅱ』は、先に上梓した『石畳を音楽の風が吹く ── 私のヨー
　　ロッパ音楽紀行　ドイツ編』（2015年　文芸社セレクション）
　　に改訂を加えるとともに、その後の旅、とりわけ2016年3
　　月、2017年3月及び11月の旅を大きな区切りとして、改め
　　て書き下ろしたものである。
　　『ドイツ編』は、様々な人との出会いを綴った「出会い編」
　　であり、本書は、いわば「総集編」である。したがって、ボ
　　ディとなる文章には共通の箇所もあることをお含みいただき
　　たい。

＊2　なお、いわゆる「一人旅」を中心に綴りたいと考えてきた
　　が、10年にわたる音楽旅行の中には、いくつか家族との旅も
　　混じっている。ここでは、すべてを「一人旅」仕立てで綴る
　　ことをお許しいただきたい。

＊3　このリポートの中に出てくる多くの「オペラ」については、
　　歌手等のデータが持ち帰れていないことをお断りしておきた
　　い。

＊4　本文中に挿入している詩もしくは詩的散文は、自身のノート
　　に眠っているものを引っ張り出したものである。また、多く
　　は「鈴江昭記念ウインドオーケストラ」演奏会プログラム等
　　にも掲載されている（2008年、2010年、2016年）。

目　次

序　「風に吹かれて」 3

はじめに　「音楽の旅」 13

第1部　ベルリンからの旅 25

1 バッハの街、そしてエルベ川のほとり
（ベルリン、ライプツィヒ、ドレスデン）........................29
　　　── プッチーニオペラ『トスカ』、バッハ『ヨハネ受難曲』、
　　　マーラー『交響曲第7番「夜の歌」』、ベートーヴェン『ピ
　　　アノ協奏曲第4番』、R・シュトラウス『交響詩「英雄の
　　　生涯」』など

2 ドレスデンからプラハ、そして列車はブダペストへ
（ベルリン、ライプツィヒ、ドレスデン、プラハ、ブダペスト）...58
　　　── ベートーヴェン『バイオリン協奏曲』、同『交響曲第6番
　　　「田園」』、同『交響曲第7番』、ヴェルディオペラ『ナブッ
　　　コ』、チャイコフスキーバレエ『白鳥の湖』など

3 日本と西欧の伝統音楽　連続4日間
（京都〜アムステルダム〜ベルリン〜ドレスデン〜ベルリ
ン〜アムステルダム）..72
　　　── 世阿弥 能『敦盛』、ブラームス『交響曲第1番』、同『交響

曲第2番』、バルトーク『ピアノ協奏曲第2番』、ワーグナー楽劇『神々の黄昏』など

第2部　ウィーンへ帰る旅 111

1 ウィーンへ
（小澤征爾ウィーンオペラ座ラストステージ）......... 113
—— ヴェルディオペラ『ファルスタッフ』、チャイコフスキーオペラ『エフゲニー・オネーギン』
—— ワーグナーオペラ『さまよえるオランダ人』、ワーグナー楽劇『ラインの黄金』、ヴェルディオペラ『椿姫』など

2 ヴルタヴァ（モルダウ）に魅せられて
（プラハからウィーンへ）......................... 125
—— ヴェルディオペラ『椿姫』、J・シュトラウスオペレッタ『こうもり』、ワーグナーオペラ『タンホイザー』、ベートーヴェン『ピアノ協奏曲第5番』、同『交響曲第7番』など

3 ヴェネチアからは夜行列車でウィーンへ
（フィレンツェ・ヴェネチアからウィーンへ）......... 141
—— ヤナーチェクオペラ『マクロプロス事件』、ヴェルディオペラ『アイーダ』など

4 ザルツブルクに降り立つ
（ウィーンからミュンヘンへ）..................... 153
—— ヴェルディオペラ『アイーダ』、マーラー『交響曲第5

番』、リスト『ピアノ協奏曲第2番』、エルガー『エニグマ
変奏曲』など

第3部　音楽への深い感謝
（ミュンヘンからウィーン ── そしてベートーヴェ
ンの小径、ウィーン中央墓地へ）.............................. 169
──ドビュッシー『牧神の午後への前奏曲』、シューベルト
『交響曲第4番「悲劇的」』、マーラー『交響曲第4番』、ド
ヴォルザーク『チェロ協奏曲』、ベートーヴェン『交響曲
第6番「田園」』、グノーオペラ『ファウスト』など

あとがき 200

はじめに 「音楽の旅」

　毎年、春から夏にかけて世界の多くのコンサートホールや
オペラハウスなどの次のシーズンのプログラムが発表される。
　プログラムは、現地の言語だけの発表の場合もあるし、英
語版を選ぶことができることもある。また、主要なホールや
オペラハウスのチケットは日本のチケット取次店により日本
語バージョンで見ることができるものもある。
　インターネットにより直接現地ホールにチケットを申し込
むことも幾度かあった。
　一度、不慣れなドイツ語でベルリン・フィルハーモニー管
弦楽団（以下、ベルリンフィル）のページを開いて、辞書を
片手に手配したこともあった。ベルリンフィルは、確か２カ
月前にならないと発売されなかったように記憶している。手
配したベルリンフィルのチケットが送られてきた時は、一気
に旅へのモチベーションが高まったことを覚えている。
　その年の音楽旅行の全体計画は早い段階でできていても、
メーンのコンサートチケットが取れないと「旅行実施計画」
が完了したとは言えない。
　2017年秋の例で言えば、ロイヤル・コンセルトヘボウ管
弦楽団（以下、コンセルトヘボウ管）とドレスデンのオペラ
のチケットは取れていたが、ベルリンフィル待ちの時間が２
カ月ほど続いた。取れなければ、ホールのロビーにあるチ
ケットブースに並んで当日券やキャンセルチケットを購入す
る覚悟で、飛行機や宿の手配もすませ、ベルリンフィルのチ

13

ケット手配の時期を待つという時間が流れた。

　ベルリンフィル。

　最初の経験は2014年3月だった。

　この年は、ライプツィヒとドレスデンのコンサートチケットは日本で手配を完了し、加えて、ベルリン国立歌劇場でのオペラは現地手配の予定だった。メーンのベルリンフィルを待つ時間が続いていた。

　1月になってようやくチケットは発売になった。

　しかし、残念ながら、発売日に即日完売（sold out）で、やむを得ずキャンセル待ちとなった。その3日後だったか、すぐに朗報が入り、同じプログラムの3月1日分にキャンセルが出たという報を受け取った。想定した日ではなかったが、手配会社の協力もあり、他のコンサートを前後にやりくり（微調整）してようやくこの年の音楽旅行計画ができあがった（別表1）。

別表1　2014年〔ベルリン・ライプツィヒ・ドレスデン〕

2月28日㈮	オペラ『トスカ』	プッチーニ	D・バレンボイム指揮シュターツオーパー（ウンターデンリンデン）管弦楽団（ベルリン国立歌劇場工事中のためシラー劇場）
3月1日㈯	『ヨハネ受難曲』	J・S・バッハ	S・ラトル指揮ベルリン・フィルハーモニー管弦楽団ベルリン放送合唱団（フィルハーモニー）

3月2日(日)	『交響曲第7番「夜の歌」』	マーラー	R・シャイー指揮 ライブツィヒ・ゲヴァントハウス管弦楽団 (ゲヴァントハウス)
3月4日(火)	『交響詩「オルフェウス」』 『ピアノ協奏曲第4番』 『交響詩「英雄の生涯」』	リスト ベートーヴェン R・シュトラウス	C・ティーレマン指揮 ピアノ:ラドゥ・ルプ ドレスデン・シュターツカペレ管弦楽団 バイオリンソロ:有希・マヌエラ・ヤンケ (ゼンパーオーパー歌劇場)

　また、2010年夏には、ルツェルン音楽祭（スイス）のプログラムの一つを鑑賞したが、この時のチケット手配は現地音楽祭事務局と直接インターネットで行った。

　毎年8月から9月にかけて開催される、目映ゆいほどのコンサートプログラムの中で、終盤9月中旬のウィーン・フィルハーモニー管弦楽団（以下、ウィーンフィル）を選んで申し込んだ。

　このコンサートの手配もうまくいき、自宅のプリンターで打ち出して意気揚々と出発した。

　日本を出発してチューリッヒに1泊、2日目だったと記憶している。

　受付にてプリントアウトして持参したチケットを見せたのだが、これは無効だと言われて愕然とした記憶がある。

「昨日、確認のメールを差し上げましたが、お返事がいただけませんでした」と言われるのだった。「したがって、この

15

座席は既に別の方に渡っています」
　――そんな無茶な、昨日はもう旅立っているではないか！……と英語で言えたかどうか？
「その代わり今手元には、別のいい座席があるのですが、いかがですか？」と言ってもらうことができ、事なきを得る体験だった。
　一瞬、「カペル橋を渡って、ルツェルン湖を眺めただけで終わるのか！」といった思いが頭をよぎっただけに、喜びも一入だった。――まさに遠路遥々音楽を聴きに来たのだ！

　このルツェルン湖に面したとても美しいルツェルン・カルチャー・コングレスセンター（KKL）において、シューマンの『チェロ協奏曲』（チェロ、ニコラス・アルトシュテット）に続いて聴いたドヴォルザークの『交響曲第9番「新世

ルツェルン・カルチャー・コングレスセンター（KKL）

界より」』は、ドゥダメルという指揮者との出会いでもあり、今も忘れられない。

　何度も聴いてきた曲だけに、こんな解釈もあるのかという新鮮な演奏だった。

　　生きていることの無上の悦びは
　　人との出会いであると
　　私も思う
　　そしてその悦びが
　　にじむように心に広がるのは
　　出会った人の「炎」が見えた時だ
　　ぶよぶよとうごめく
　　その人の生の
　　なおその奥に
　　その人の「炎」が見えた時だ

　　そして次の瞬間
　　今度はたぶん気づいていない
　　自分自身の深い淵に立ち上がった
　　自分自身の「炎」が
　　身体に反応してわかる時に違いない

　　出会いは
　　いつも
　　このような怪しいダイナミズムを伴って訪れる

スイスの主な都市

（私は一人の聴衆として、あるいは一人の観覧者としての一方的なものも「出会い」と呼んでいる。

むしろ、すれ違うだけで、人やその作品の内奥に入っていかないものは「出合い」かもしれない）

演奏終了後、ルツェルン・カルチャー・コングレスセンター（KKL）のロビーの大きなガラス窓には、足下からルツェルン湖の幻想的な夜景が広がっていた。

耳から入ってきた音楽が、湖面に広がっていくような感覚。

グスターボ・ドゥダメル。

1981年生まれ、ベネズエラのエル・システマ[1]から生まれた若い指揮者（当時29歳）によって、心に生まれた大きな波紋がそのまま湖面に流れ出し広がっていくような不思議な体験になった。

　しばらく足を留めて湖面に視線を置いたまま、余韻に包まれる自分がいた。
　一方で、コンサートホールのあり方の一つを体験したようにも思えた。
　会場のアンコールの高ぶりの中で、今聴いた音楽を、そして、オーケストラや指揮者、チェロ奏者、観客などその時間を共にした人々のことを想った。
　そして、次に訪れる時間。
　ホールを後にして雑踏に紛れる前の短い一人きりの静かな時間。
　湖面に視線を置いて余韻に包まれるのは、まさに至福の時間と言える。指揮者の内奥まで映っているような……。
　（日本では、びわ湖ホールでも、終演後、豊かな湖面にしばらく視線を置いて足を留めるという経験をしたことがある）
　（別表２）

---

[1]　「エル・システマ」213ページ

別表2　2010年〔ルツェルン音楽祭〕

9月17日㈮	『チェロ協奏曲』	シューマン	ドゥダメル指揮 チェロ：ニコラス・アルトシュテット ウィーン・フィルハーモニー管弦楽団 （コンツェルトハウス音楽ホール）
	『交響曲第9番「新世界より」』	ドヴォルザーク	

　日本に、ムジーク・ライゼン（Musik Reisen）というクラシック音楽専門のチケット取次店がある。取次店というよりは、代表の溝口三香子さんがお一人で切り盛りしておられる個人営業店なのかもしれない。10年ほどお世話になっている。

　おそらく何度もヨーロッパやアメリカ等に足を運ばれているのであろう。いくつもの現地音楽事務所とリレーションを構築しておられ、高いミッションと深いモチベーションによって運営されている。お目にかかったことはないが、情熱あふれる方である。

　一度こんなことがあった。

　私がヴェネチアに滞在している時に、「ロリン・マゼールが急病のため、急遽ウィーンフィルは休演になりました」と溝口さんからお電話をいただいた。まさにこれからいよいよ夜行列車に乗って、「ウィーンに帰る」前日のことだった。連絡を受けて、このコンサートが今回の旅の主目的だっただけに深く落胆し、気分が塞がれた（別表3）。

　参考までにということで、溝口さんに今回の旅程をお知ら

せしていたこともあり、「今、ヴェネチアにいらっしゃるの
ですね。代わりにフェニーチェ歌劇場でオペラをご覧になり
ませんか？」とお世話いただいたことも忘れがたい経験であ
る。

　チケットは、ファックスにてすぐさまホテルに届いた。そ
の夜のオペラである。素早い対応であった。

別表3　2013年〔フィレンツェ・ヴェネチア・ウィーン〕

　＊ウィーンでは、代わりに弦楽アンサンブル（モーツァルト）を
　　聴く。ほとんどが観光客であった。

3月21日㈭ （現地にて鑑賞を決定）	オペラ 『マクロプロス事件』	ヤナーチェク	フェニーチェ歌劇場
3月23日㈯	オペラ 『アイーダ』	ヴェルディ	ウィーン国立歌劇場
3月24日㈰ （ロリン・マゼール急病のため、公演中止）	『ナイチンゲールの歌』 『法悦の詩』 『アルプス交響曲』	ストラヴィンスキー スクリャービン R・シュトラウス	ロリン・マゼール指揮 ウィーン・フィルハーモニー管弦楽団 （ウィーン楽友協会）

　ウィーン国立歌劇場（オペラ座）、ウィーン楽友協会（ム
ジークフェライン）、フォルクスオーパー歌劇場、またベル
リンやミュンヘン、ドレスデン、ライプツィヒ、パリ、ロン
ドン、ニューヨーク、ミラノやプラハ……、そして、ルツェ
ルン音楽祭、ザルツブルク音楽祭、バイロイト音楽祭などの

各種音楽祭……。

　日本に居ながら、チケットの手配をしていただける。

　私も、1回の旅で、3つ4つとコンサートを聴くので、旅の骨格となるチケットだけは溝口さんのお世話になることが多い。

　── 音楽は、私を旅に誘う。

　そして、音楽は、私を旅人にする。

　ムジーク・ライゼン（原語表記〈独〉：Musik Reisen）── まさに、「音楽の旅」の波長が重なる。

　話は戻って、コンサートチケットの入手について補足をすれば、オペラの多くは、現地（公認の？）scalper[2]（ダフ屋）からの入手も含めて、現地で手配することもあった。ただ少し割高になることや、座席が希望どおりにいかないこともあり、その点我慢しなければならない。

　オーケストラやオペラをその本拠地（ホームグラウンド）で鑑賞することを主目的に、その街を訪ねることに魅力を感じて10年になる。

---

[2]　「scalper」23ページ

❦ scalper について

　ここでウィーンの scalper（ダフ屋）体験について少し触れておきたい。

　2009 年 3 月 15 日、初めてウィーンオペラ座でオペラを体験したのだが、これがヴェルディの『ファルスタッフ』だった。チケットは日本で手配することができた。翌 3 月 16 日、小澤征爾のウィーンオペラ座ラストステージ、チャイコフスキー『エフゲニー・オネーギン』のチケットは日本では手に入れることができず、現地オペラ座の裏側にあるチケット売り場にも足を運んでみたがソールドアウトだった。

　やむなくモーツァルトの肖像画のような衣装を着たこの scalper から手に入れることにした。オペラ座正面には、この装束をした scalper が数名居て、「チケットを買わないか」と誘ってくる。

　観光客の中にはうるさく感じる人もいるかもしれないが、私はいつも短く「私は既に持っている」と応えることにしている。

　ウィーン訪問時には、このオペラ座前を 2 度 3 度と通ることもあり、そのうちに、先方も顔を覚えてくれて、「……ああ、あなたは持っていたんだね」などと言葉を交わすこともあった。

　このオペラ座裏の公式のチケット売り場で購入することができたこともあったし、売り切れていたので、実際に scalper のお世話になったこともある。できればチケットは事前に手配するに越したことはないが、最終的には、現地に

行けば何とかなるように思っている。

「上手側3階の最前列のチケットを持ってないか？」と聞いたら、近くの仲間にも聞いてくれたが、誰も持っていないので、この scalper の事務所まで連れていってもらったこともある。事務所には自分の希望に近い座席があった。ちょっと割高だが、いたしかたない。

　勿論、ひそひそと小声で「券ありますよ」と近寄ってくる、いわゆるあのダフ屋ではない。どうやら公認の scalper のようで、この装束はオペラ座前の一種独特の風景にもなっている。

第1部

ベルリンからの旅

第1部　ベルリンからの旅

　最初のベルリンからの旅は、2014年3月。

　2月27日～3月6日、6泊8日の旅程で、ベルリンを訪れた。

　魅力的なプログラムについ欲張ってしまい、オペラを含めて4つのコンサートを手配（予定）しての旅であった。

　いつものとおりと言えばいつものとおりだが、適度に滞在日や街歩きの時間も作ることができる旅程であった。

　しかも、ベルリンを拠点に、鉄路1時間余りでライプツィヒに、ライプツィヒからドレスデンも1時間半程度である。

　大雑把に言えば、お昼頃の列車移動を予定すれば、朝もゆっくりできるとともに、午後の時間、よく使う言葉だが、街を漫歩できる。夜のコンサートの心の準備もできる旅程である（地図参照）。

　拙著『石畳を音楽の風が吹く ── 私のヨーロッパ音楽紀行ドイツ編』（文芸社セレクション）でもリポートしているが、「ベルリン～ライプツィヒ～ドレスデン」は、「音楽の旅」、私のお薦めのコースの一つである。

　ベルリンがベースにはなるが、この3つの街をどういう順番で訪れるか。

　発表されるプログラムを見てコンサートやオペラを選んでから、旅程を決めることもできる[3]。

――――――――――――

[3]　124ページ「ヨーロッパ各都市間『列車時間』のイメージ」参照

ドイツ

第1部　ベルリンからの旅

1 ｜ バッハの街、そしてエルベ川のほとり
（ベルリン、ライプツィヒ、ドレスデン）

　ベルリン最初の夜は、プッチーニのオペラ*⁴『トスカ』。

　ベルリン国立歌劇場が工事中のため、シラー劇場にて公演。

　ダニエル・バレンボイム（以下、D・バレンボイム）指揮シュターツオーパー（ウンターデンリンデン）管弦楽団。

　——『トスカ』は人気中の人気プログラム。特に第2幕の主人公トスカが歌うアリア「歌に生き、愛（恋）に生き」が人気。全3幕中のそれぞれに有名なアリアがあるが、何と言っても初めての生『トスカ』。ああ、聴いたことがあるなあと思っているうちに話は進み、あっという間の2時間だった。

　オペラのストーリーそのものは比較的単純なものが多く、むしろ、その単純な筋書きの中でその「音楽劇」をどのように表現しようとしているのかが興味深い。加えて、私は、ホールの中で感じる身体を包むサウンド全体にも魅力を感じてしまう鑑賞者だが、D・バレンボイム指揮シュターツオーパー（ウンターデンリンデン）管弦楽団のプッチーニ『トスカ』はとてもおしゃれなオペラだと感じた。

　演出の人、ソリストの人々、合唱団、舞台制作の人、衣装

────────────

*⁴　「オペラについての一言メモ」209ページ

29

担当の人、多くの関係者の人々に告げたいと思った。

ビギナーでも感動できる素晴らしい『トスカ』だったと。

申し訳ないついでだが、私はいつも歌手の名前が覚えられない。トスカ役のソプラノも恋人カヴァラドッジ役のテノールも素晴らしかった。名前はわからなかったが、一つ一つアリアが終わる度に思わず大きな拍手を送っている自分に気が付いた。

歌手の名前、時には指揮者の名前も控えずに劇場を後にすることが多く、オペラのリポートとして不十分であることを知っていながら、こうしてリポートを書いている！

この2014年は、期せずしてテーマがバッハになった。

バッハの街ライプツィヒを中心に、ベルリンフィルもバッハの『ヨハネ受難曲』という得がたいプログラム（別表1、14ページ）。

✧『ヨハネ受難曲』に包まれて

ベルリンに着いた翌日。

地下鉄でポツダマー・プラッツまで行って、例によって、先ずベルリン・フィルハーモニー（ホール）を探す。駅から10分ほどで到着。これが、かのベルリンフィルの本拠地かという感慨深い対面。

私たちの世代の多くは、カラヤン＆ベルリンフィルでクラシック音楽に親しんできた。私は、他の指揮者と比較してカラヤンがどれほどすごいか、また、彼がどのようにベルリン

フィルを育ててきたかについて何も知らないままに、目の前には既に彼のCDがあり、FMラジオからは彼の音楽が流れてきた。

　カラヤンがベルリンフィルとともに最後に日本に来た時、大阪のシンフォニーホールの立ち見席でチャイコフスキーの『交響曲第6番「悲愴」』を聴いた。吹奏楽部の卒業生が朝5時から並んで何とかチケットを手に入れてくれたものだ。クラシック音楽とのミーハー的な出会い。それでも、訳のわからない興奮に包まれながら、カラヤンのラストステージに間に合った。

　身体に感じて感動した。

　翌1989年7月、ヘルベルト・フォン・カラヤン没。

フィルハーモニーに向かうプレーヤー

今、その本拠地ベルリン・フィルハーモニーの前に立っている。

　我ながら変な趣味だと感じながら、広い敷地を四角く囲んでいる道路を巡って一周して眺めていると、その内、楽器を小脇に抱えたり背中に背負ったりするプレーヤーが関係者入り口から入っていった。いよいよ今夜はベルリンフィルだと実感して、ポツダマー・プラッツ駅に戻った。

　第二次世界大戦の戦火を受けた後、東西ベルリンの国境付近の無人地帯となっていたポツダマー・プラッツ（広場）。東西ドイツ統一後、高層ビルが立ち並ぶ新生ベルリンのシンボル的な広場となっている。

　その中でも特に象徴的な存在と言われるソニーセンターのドーム下のベンチに腰掛けて、例によってテイクアウトのパンとコーヒーで軽い昼食をとった。巨大なドームを仰ぎながら新しいベルリンも感じ取ろうとしたが、あまりなじめないまま漫歩を続け、少し足を延ばしてホロコースト慰霊碑に向かった。

　600万人とも言われるナチスによるユダヤ人大量虐殺。その慰霊のために2005年に完成した2700本あまりのコンクリートの柱の間を歩いてみると、"かくれんぼ"さながら、人もそして自分も見失ってしまうホロコースト慰霊碑。中に足を踏み入れてみると、なぜか途中で立ち止まることができず、右に曲がったり左に曲がったりしながらどんどん迷路の中に入っていく時間。

　中程でふと空を見上げると、そこにはコンクリートに区切

第1部　ベルリンからの旅

ホロコースト慰霊碑

られた青空が見えた。これは何と抽象的で深い人類の懺悔ではないか！　などと感じながらホロコースト慰霊碑から出て、途方に暮れる心中を隠しきれないままの足取りで、またゆっくりと元のポツダマー・プラッツの方に歩き始めた。

　観光のついでに立ち寄る場所などではない、という思いと、むしろ観光の一つとして必ず立ち寄り、「ドイツの、あるいは我々人間の歴史」に推参する時間を持つべきだという思いが交互に過った。

　戦争の時代をしっかりと心に刻むことも大切な観光に違いない。

　　　一人旅は、自問自答。
　　自分の心に広がった「自問」を永く抱きながら、発露を持たないまま熟成させるようにゆっくりと「自答」の

33

時を迎える。

　時々、旅の途中で、はっと答えを得ることもあれば、帰路の機中や、帰宅して何日も経た後の日常生活の中でその答えが見つかることもある。

　時に、答えどころか、問が深まったりする。

　一人旅は、むき出しの感性。

　制御する装置もないままに、スパークした電光は、稲妻のスピードで一気に自己の深みにまで到達することがある。

　そして、旅はその鋭いスパークを持ちこたえる時間でもある。

　さて、ベルリンフィルの開場が待ち遠しい時間。

　すぐ近くのマタイ教会ではミサがあった。

　教会でオルガンを聴いてみたいと思っていたので、オルガンのコンサートを期待していたが、今回の旅ではどの街でも巡り会わなかった。立て看板やポスターによると、確かにコンサートは開催されてはいるが、私の旅程とは合わなかった。宿に近いカイザー・ヴィルヘルム記念教会はライプツィヒの聖トーマス教会とともに旅行前から最も期待した教会だったが、外壁修理中で中に入ることすらできなかった。

　ともあれ、申し訳ないが、聖書も持たずに教会に入り、この"旅の者"は一番後ろの席でミサに参列した。やがて、牧師の聖書朗読やお祈りに続き、2階の後ろに設置してあるオルガンが賛美歌を奏でた。

第1部　ベルリンからの旅

　後頭部からのオルガンの響きを感じながら、三十数年前初めてドイツを訪ねた時、偶然入ったフランクフルトの教会でのオルガンの演奏を思い出していた。

　その時、シャワーのように降り注いできたオルガンの響きとその装置の一部である教会そのものに（私はクリスチャンではないが）、圧倒的な啓示的高揚感を味わったのだ。

　そして、同じころに訪れた比叡山延暦寺根本中堂の"不滅の法灯"までの圧倒的に深い暗闇。メジャーではけっして計ることができない暗闇の距離。

　シンガポールでは、アラブストリートのモスクで味わった圧倒的な静けさ。何も飾り付けない抽象的な空間、モスク。神との会話以外のすべての音を遮断するかのような静けさは、それ自体が奥行きのある深い静謐 —— 身体全体を包むようなある種の圧迫感を伴った静謐。モスクから外に出ると、遠くの方から風に乗ってコーランが聞こえてきた。

　これら信仰のために創られた空間や装置。

　しかしながら、これらの空間や装置は、"神人交換"のための神聖な場所として設置されていながら、信者以外の私にも、その作為を遥かに超えた空間のように思えてきたのである。

　今日、こうして教会に座してオルガンを聴くことができ、心の中に緩やかな高揚感が育った。今夜のベルリンフィル「バッハ『ヨハネ受難曲』」を受け入れる素地のような「心のかたち」ができたように思った。

　ミサが終了すると、出口に置いてあった献金箱にそっとコインを入れ、そこに立つ係の女性に、胸に手を当て低い声で

35

フィルハーモニー（最前列）

お礼を言った。

　フィルハーモニー（ホール）。
　将来、東西が統一された時、ここがベルリンの中心地になると、設計者シャロウン、そして常任指揮者カラヤンは、焼け野原の中に新しいホールを建てた。
　旧フィルハーモニーは、19世紀のヨーロッパにおける代表的なシューボックス（靴箱）型のコンサートホールの一つとして高い評価を得ていたが、連合国軍の空爆で廃墟と化し、戦後解体された。
　新しいフィルハーモニーは、ステージを囲むように客席が配置されている。

第1部　ベルリンからの旅

　私たちがよく行く多くのコンサートホールは、シューボックス型と言うようで、ステージの後ろにポディウム席はあるものの、多くの観客は同じ方向に向かって座る。一方、ヴィンヤード（ワインのぶどう畑）型と言われるこのホールは、ステージを囲むように客席が配置されている。因みに、日本では、東京のサントリーホールがこのヴィンヤード型のようだが、ラジオ等でライブ演奏は何度か聴いたものの、私はまだこのホールに行ったことがない。

　ホールの中は、ホワイエも広く、チケットを手に客席への入場口を探す。どの入場口から入れば、客席のどの辺りに通じるのか想像もつかない。ホワイエの1階から入るのか2階から入るのか、最前列だとわかっているのにステージや客席がイメージできない。クロークにコートを預けて、お上りさんよろしくホワイエをキョロキョロ眺めながら散策してみる。

　やがてホールが開場され、最前列の自分の座席を見つけるが、初めての私には何とも落ち着かない構造だ。四角形のステージと四角形の客席になじんだ身には座り心地が悪い。

　その内開演の時間になり、オーケストラが入場した。最後にコンサートマスター樫本大進が席に着く。今日はセミステージ形式*5。広いステージ平場には合唱団（ベルリン放送合唱団）が全員仰向けに伏してスタンバイし、サイモン・ラトル（以下、S・ラトル）も静かに位置についた。

---

*5　「セミステージ形式」212ページ

緊張感が走った。

　Ｊ・Ｓ・バッハの『ヨハネ受難曲』。

　いくつものコラールを軸に、合唱メンバーは身体を使って表現しながら、聖書にしたがって、イエス磔（はりつけ）の刑を巡っての、むしろ人間の愚かしさを紡いでいった。

　少年時代、しばらく通っていた日曜学校での牧師の話、聖書の朗読、そして小さな足踏み式オルガンの伴奏による賛美歌のシーンが次々と想起される時間だった。

　賛美歌を歌う信者たちの朗々とした大きな声に驚いている少年。

　この世界は、幼い日々に構築された私にとっての壮大なフィクション。

　私は、この「街の小さな教会」において、「想像力」を鍛えられ、「言葉の力」を知り、「音楽」と出会った。

　今、ベルリンフィルとベルリン放送合唱団、そしてＳ・ラトルが創り上げていくバッハの世界。表情も豊かに演じきるソリストや合唱団。セミステージ形式のためリアルな舞台装置や衣装はないが、まさにオペラさながらにキリストの磔を巡る壮大なストーリーは、制御された高揚感を持続させながら、静かにその幕を閉じた。

　拍手なしで始まり、拍手なしで終わった。

　誰も動こうとしない。

　観客席には深い感動の波が広がっている。

　と同時に、視野に入った観客の表情を窺うと、音楽表現に導かれた『信仰の世界への敬虔な内面的心情』を浮かべているようにも思えた。

第1部　ベルリンからの旅

また新しい音楽表現との出会いがあった。

合唱とオーケストラが解け合うこのホールとの出会いがあった。

と同時に、自分の中のバッハが深まっていくのを感じた。

そして、それはまた、Ｓ・ラトルがベルリンフィルや合唱団とともに表現してくれたバッハの世界が、自分の細胞の隅々まで染み渡るような充実感に満ちたひとときであった。

ベルリンに入って延べ３日。キリスト教文化、キリスト教音楽に生で触れることができた悦びに静かな興奮は続くのだった。

✧バッハの街で

翌朝、７時54分発、ICE ニュルンベルク経由ミュンヘン行。

ライプツィヒまでは１時間余りの短い乗車時間である。ICE はドイツを中心に運行されているヨーロッパの高速列車である。Intercity-Express の略。座席もゆったりして高級感のある列車で、鉄道ファンならずとも快適な列車の旅だ。駅で買ったサンドイッチとコーヒーで朝食をとりながら、地図でホテルやホールを確認している間にライプツィヒに着いてしまった。せめて３時間ぐらいは乗りたいと思った。

ライプツィヒでの演奏会はいわゆるマチネーで午前11時開演。

夜の演奏会のように、日常生活を終えた観客の醸すしっとりとして穏やかな空気は期待できないが、逆に、一日の始ま

39

ライプツィヒ中央駅

り、擦り切れていない感性が集まったフレッシュな雰囲気が漂う会場も嫌いではない。

　日本では午後の演奏会も含めてマチネーと言っているが、元々は午前に開演されるのをマチネー（matinée 仏語で「朝」）と言うようである。

　9時4分、ライプツィヒ中央駅に降り立って、先ずは例によってホールを目指すことにした。

　地図上では距離感が掴みにくく、時々大きな街から小さな街への移動、あるいは陸地から小さな島への移動などで距離感を見失うことがある。この現地拡大地図も、よく見れば隅の方に縮尺表示がある。1 cmは、1 kmなのか500 mなのか、頭を修正すればいいのだが、私はしばしばこの修正を失念してしまうことがある。

第1部　ベルリンからの旅

　石畳の道ではスーツケースを引くゴロゴロ音が大きく響き、ところどころ持ち上げて浮かせながら旧市街を歩いてホールを目指した。どれぐらいの時間だったろうか？　15分か20分ぐらい？

　素敵な古い街並みを歩いているうちにゲヴァントハウスが見えてきた。そうか、縮尺的にベルリンの感覚から修正しなければだめだ、などと思いながら、ふと地図に目を落とすと、予約したホテルは目と鼻の先。チェックインの時間ではないが、荷物を預かってもらおうとホテルに向かった。

　　"Hello. I have a reservation. I'm Akira Suzue. ⋯⋯This is my voucher."
　　"⋯⋯Certainly."
　　"Could you keep my luggage until check-in?"
　　"Okay, please come with me."
　⋯⋯
　　"Please put it here."
　　"Thank you."

　こうして身軽になって早めにゲヴァントハウスに到着する。

　ゲヴァントハウスは、石畳のアウグストゥス広場に面していながら、非常にモダンで独創的な建物で、向かい側にあるライプツィヒ歌劇場と違って予想外の外観を持つホールだった。

　玄関ホールの巨大な壁画に圧倒されながら、例によってホ

41

ライプツィヒ・ゲヴァントハウス

ワイエをあちこち眺め回して自分のシートに座ってみる。ゲヴァントハウスもヴィンヤード型で、ステージを囲むように客席が配置されている。本日は中央ほぼ真正面。61.5ユーロ。7000〜8000円ぐらいをイメージしながら、当てずっぽうで「60ユーロぐらいの席を」と日本で手配したが、行ってみるとこれはきっとS席の範疇。平戸間という言い方は妥当ではなく、すべての席がなだらかな傾斜の中にあり、ここはたぶん2階席あたり。座ってみると、最前列だったベルリンフィルの時に比べ、視野が広がり、ヴィンヤード型を実感することができた。

このモダンなホールは3代目。2代目のゲヴァントハウスは、アムステルダムのコンセルトヘボウのモデルにもなった

とか。

　ウィーン楽友協会（ムジークフェライン）、ベルリンフィル……コンセルトヘボウ、か。確か「世界３大ホール」と呼ばなかったか？　そのモデルにもなったというゲヴァントハウス。しかし、なぜ、まさに焼け野原の中に２代目を忠実に再建しなかったのだろう？

　一方で、伝統的な「音楽の街」を守りながら、もしかしたら、未来に向けて新生ライプツィヒを指向する必要があったのだろうか？　あるいは、大御所ウィーンとは明確に異なるホールを目指したのだろうか？　伝統的な街並みを見事に残す素晴らしい街。そこに異彩を放つガラス張りのモダンなコンサートホール、ゲヴァントハウス。

別表１再掲

3月2日㈰	『交響曲第7番「夜の歌」』	マーラー	R・シャイー指揮 ライプツィヒ・ゲヴァントハウス管弦楽団 （ゲヴァントハウス）

　聴きたかったマーラーの『交響曲第７番「夜の歌」』。

　さて、リッカルド・シャイー（以下、R・シャイー）とゲヴァントハウス管弦楽団はどんな『７番』を演奏するのだろうか？

　期待に胸を膨らませ、身動きもしないで、マーラーを聴き終えた。

　ブラボー！　が響き渡った。前の方からも後ろの座席から

も、自然発生的に感嘆の想いが声になって飛んでいく。私も
また、昨晩のバッハの抑制された感動から解き放たれたよう
に、呻くように声が出たことを記憶している。

　さて、マーラーの『交響曲第7番「夜の歌」』である。
　R・シャイーの素晴らしい解釈と的確な棒（指揮）、そし
てゲヴァントハウス管の表現力。テノールホルンが印象的
な、あっという間の5楽章。そう、たぶん80分ほどだった
ように思う。
　特に、第3楽章では、私自身の「幼い日の夢の世界」を彷
彿させる演奏だった。
　── どこか見知らぬ世界に迷い込んだ幼い私は、独りぽっ
ちでどこかを彷徨い続ける。見たこともない風景の中を歩き
続け……気が付くと、私はいつの間にか空を歩いていて、そ
うすると、いつもなぜか一基の朱塗りの神社の鳥居が出てく
る。この夢の中ではいつも震えるほどの孤独感を味わう。し
かし、夢の中の私は、泣き出したり、誰かを呼んだりせず、
人間が誰も出てこない夢の中を何かに引かれるように、そし
て、それが「定め」であるかのようにひたすら彷徨うのだ。
時折、山の向こう側から母の面影が出てきたり、途中、友人
の集団とすれ違ったりする。そうすると、その時はとても安
らかな気分が訪れるのだった。
　3拍子の醸し出す不思議なマーラー『7番』の第3楽章。
　宿命のように迷路に入り込んだかと思うと、とても穏やか
なフレーズが続く。しかし、その穏やかなフレーズも、どこ
か深い哀愁に満ちている。そして、やがて、救いがたい「哀

第1部　ベルリンからの旅

しみの淵からの声」が聞こえてくるように感じられるのだ。

　少年時代の夢の中の孤絶した世界でのあの淡い平安も、も
しかしたら、この世に生を受けた者が等しく味わう、救いが
たい哀しみの暗示だったのかもしれない。そんなことを思い
ながら第3楽章を聴いた。

　第4楽章の表情豊かなメロディに気分を重ねているうち
に、ダイナミックな第5楽章が始まる。大きな編成（四管
編成）[*6]によるその圧倒的なサウンドは耳を通じて全身に響
く。特にホルンやトロンボーンを中心とした金管楽器の中音
域が生きもののようにホールを轟きながら、まさに劇的に終
わる。ミーハー的に言えば、重厚な中にも切れ味鋭い、R・
シャイーのかっこいいエンディングだった。

　そして、素晴らしいホールだった。

　きっとホールのどこの席に座っても、音は同質に響き、満
席の聴衆が等しく共有したに違いない一体感。

　——R・シャイーへの憧れにも似た敬愛の念、ゲヴァント
ハウス管への誇りにも似た愛着、そして、私たちのグスタ
フ・マーラー……。そんな観客の反応だった。

　圧倒的な膨らみに満ちた拍手、鳴り止まないその拍手の合
間に、あちこちの客席から聞こえる「オー」という鈍い感嘆
の声……。特に女性の低い声には説得力があった。

　幾度も幾度もオーケストラを立たせるR・シャイー。気が
付いたら、いつしか私も立ち上がっていた。そして、まさに
手が痛くなるのも忘れて、ただただ思いに任せて手を打つの

───────────────
＊6　「四管編成」211ページ

だった。

　因みに、帰国しての土産話は、このライプツィヒでの経験が中心になった。

　ライプツィヒという街の魅力、ゲヴァントハウスというホールの素晴らしさ、そして、R・シャイーという指揮者とゲヴァントハウス管が最高だった、と。

　さて、ベルリンでの『ヨハネ受難曲』で始まり、今回のサブテーマになったバッハ。

　ドイツ国内を様々移り住んだバッハが一番長く住んだ最後の街、ライプツィヒ。1723年、バッハはここで聖トーマス教会の音楽監督とカントルという地位につく。

　カントルというのは、楽長であり附属トーマス学校の教師

夕暮れの聖トーマス教会

という地位で、そのため多様な用務も付随したようだが、彼は精力的にミサ用のカンタータ*7を作曲した。そして、指導した生徒を、聖トーマス教会だけではなく、ニコライ教会などライプツィヒの４つの教会のミサのために聖歌隊として派遣した。

　そして、何よりバッハは、今回ベルリンで聴いたあの『ヨハネ受難曲』もこの地において作曲している。

　ドレスデンなどと違い、宮廷ではなく、もともと「市民の音楽活動」が活発だったライプツィヒだが、18世紀にバッハが「音楽の街」の礎を築き、19世紀にはメンデルスゾーンが、その100年前のバッハを再発掘した。

　そのメンデルスゾーンがこの街で果たした役割も大きく、ゲヴァントハウス管弦楽団の楽長を務めたり、ドイツで初めてのライプツィヒ音楽院を創設したりした。

　グリーグやヤナーチェク、瀧廉太郎もこの音楽院で音楽を学んでいる。

　メンデルスゾーンの親友シューマンは、この街であのピアニストのクララ*8と結婚したし、マーラーはライプツィヒ歌劇場の指揮者を務め、ワーグナーにいたってはここライプツィヒで生まれ育っている。

　粗雑な言い方になるが、ベートーヴェン、モーツァルト、ショパン、ベルリオーズ、ブラームス、チャイコフスキー、リストも、19世紀に音楽の中心であったこの街ライプツィ

---

*7　「カンタータ」215ページ

*8　「クララ」87ページ参照

47

ヒを訪れている。文豪ゲーテや詩人シラーも。

　珍しくシューベルトは訪れていないようだが、あの最後の『交響曲第8（9）番「ザ・グレート」』は、夭逝した彼が住んでいたウィーンの自宅においてシューマンが楽譜を見つけ、ライプツィヒに送ってメンデルスゾーンの指揮で初演が実現した。

　そんな中、やはりバッハは別格に違いない。ライプツィヒの文化の礎を築いた、まさに「バッハの街」と呼んでもいいぐらいの大きな存在ではないだろうか。

　私は、聖トーマス教会の前に立ち、前庭のバッハ像に黙礼して、ゆっくりドアを開ける。日本の寺社と同様多くの教会は現役で、単なる歴史的建造物ではないため、常々無礼がないように振る舞いたいと思っているが、許可された時間とはいえ、そうっとドアを開けるという感じだった。

　静かな教会の中は大きなステンドグラスから光が差し込み、その緩やかな光は、バッハの墓標板にも届いていた。

　この教会にバッハは眠っている。

　内部には2つのパイプオルガンがあり、そのうち1つはバッハの曲を演奏するためのものだという。何かの説明書に「バッハオルガン」と書いてあったように記憶している。

　私は、教会の中を、少し歩いては止まり、また、少し歩いては止まって、届いてくる光と空気を感じようとした。

　300年前の音楽の営み。そして、宗教活動が育んだ累々たる音楽の系譜。

　教会に佇んで耳を澄ませてみると、昨晩のS・ラトル指揮

第1部　ベルリンからの旅

聖トーマス教会とバッハ像

『ヨハネ受難曲』のコラール＊9が断片的にこだまのように聞こえてきた。

　静かな時が流れた。
　聖トーマス教会を後にして、ニコライ教会では、また"旅の者"として聖書も持たずにミサに参列し、最後列で賛美歌のオルガンを聴かせていただいた。

　ウィーンとともにこうしてゆかりのライプツィヒの地に立つことができた悦びは深い。
　あえて勝手な印象を続けるならば、ウィーンでは、「音楽の風の中に立つ」気分に浸るが、ここライプツィヒでは、「足下から音楽の気が忍び込む」ような気分に浸る。

✧エルベ川のほとり

　ライプツィヒ中央駅13時26分発。
　ドレスデン駅に到着すると、観光は次の日に回して、先ずは目的のゼンパーオーパーを目指す。
　とは言いながら、旧市街の一角に実はほとんどの観光地が集中している。
　ツヴィンガー宮殿、ドレスデン城、大聖堂、フラウエン教会……それらの観光地の一角に溶け込むように、むしろその要所としてゼンパーオーパー歌劇場は存在していた。

＊9　「コラール」215ページ

第1部　ベルリンからの旅

　19世紀、ゴットフリート・ゼンパーにより設計された宮廷劇場（オペラハウス）は、その後火災や空襲等によりいくつもの被害に遭ってきたが、今は見事に再建されている。

　荘厳な外観である。

　広々とした前庭「劇場広場」が広がり、後ろにはエルベ川。その「劇場広場」をゆっくりと歩いてホールに近づくだけで期待感が膨らむ。そして、きっとホールの中に入るプロセスにおいて、「日常」との「鮮やかな区切り」ができるに違いない。

　私には美術的な価値はわからないが、建物はもちろん、劇場広場を含めた立地の環境、そういう意味で豊かな空間だと思った。自国のいくつかの音楽ホールを想起し、立派なホール、気に入ったホールはあるが、まだ入場していないのに、ゼンパーオーパーの立地の豊かさを羨むひとときにもなった。

　　音楽は、「日常」から汲み上がりながら、「日常」に返すために「爆発力を秘め圧縮された塊」でなければならないのではないか？

　　聴衆の身体の中で、化学変化又は物理変化を起こす力。

　　コンサートホールにおいて、その「圧縮された力」を得て、私たちは「日常」に戻る。

　　今回、こうしていくつものドイツの音楽ホールを体験して私は思った。

　　──「日常から逃れるのではない。日常に戻るための

51

力がほしい」と。

そのためのホールであってほしい、と。

　明日は、この地でいよいよこの旅最後のコンサートを味わう。

　期待感を膨らませながら、ゼンパーオーパーの周囲を一周してエルベ河畔ブリュールのテラスに出てみた。

　チェコのボヘミア盆地の水を集めて北流し、ドイツへ、ここドレスデンから北へ、ハンブルクを経て北海に注ぐ。ヨーロッパ中部を流れる川。

　高校時代、世界史で出てきたことを思い出した。そう、この川が右岸と左岸に分かつ境目になったとか、「エルベの誓い」とか、あまり予備知識はないが、「国際河川」というのは、そもそもそういう歴史を持っているものなのかもしれない、と思った。ライン川はどうか？　いや、黄河やインダス川、ガンジス川？　ナイル川？　……およそ地理や歴史の授業内容は忘れてしまったが、どの川の名前も争いや戦いの場所であったはずだ。

　川には多くのクルーズ船が係留されていた。

　川を下るとすぐに磁器の街マイセンを伺うことができる。また、上流には、切り立った岩山のザクセン・スイスと呼ばれる名勝を見ることもできる。しかし残念ながら、私の旅のテンポでは、クルーズをするためには、もう一日必要だと思った。

　この辺りのエルベ川は川幅も広く、流れもゆったりとしていた。しばらくじっとエルベ川と川の向こう側に広がる景色

第1部　ベルリンからの旅

を眺めていると、心癒やされる時間となった。ブリュールの
テラスの時間。

　ゼンパーオーパー歌劇場。
　手配したシートは、またも最前列。センターよりやや右よ
りの座席。
　どうせなら、息づかいが感じられる方がいい、と残って
いるシートから選んだのだが、ピアノコンチェルト*10では、
長く伸びたグランドピアノが被さるような場所。ステージと
客席の間にはもうちょっと距離があるものと思っていたが、
実は、ピアニストの顔や表情は最後まで窺えなかった。その
代わりに、ペダルとそれを踏むラドゥ・ルプの靴が見えた。
見えたと言うより、ずっと靴に目を遣りながらのコンチェル
トだった。ピアノの響きというより、ピアノのハンマーが弦
を叩く音がダイレクトに聞こえてくるような錯覚を覚える近
さだった。
　何度も聴いたことがあるベートーヴェンの『ピアノ協奏曲
第4番』だったが、この曲に関しては、実は残念ながらラ
ドゥ・ルプが良かったのかどうか、あまりわからない。した
がって、間近で彼の演奏を聴きながら、このピアニストとの
出会いには至らなかったように思える。
　演奏が終わって、聴衆の拍手を受けている時、ようやく髭
のラドゥ・ルプの顔が見えた。
　さて、このピアノコンチェルトを挟んでの前後の「交響

---

*10　「コンチェルト」211ページ

53

詩」はいずれもバイオリンのソロが入った曲だったが、ドレスデン国立歌劇場（シュターツ・カペレ）管弦楽団のコンサートミストレス*¹¹ Yuki Manuela Janke は、指揮者の左側、真正面から見えた。

　端正で抑制が利いているのに浪漫的だ。逆の方がわかりやすいかもしれない。浪漫的だが端正で抑制が利いている。

　1曲目のリストの『オルフェウス』で、「おやっ、いいぞ」と思い、メインプログラム、リヒャルト・シュトラウスの『英雄の生涯』では、もはやこのバイオリンソロに魅了された。

　帰国後調べてみると、Yuki Manuela Janke（有希・マヌエラ・ヤンケ）は、ミュンヘン生まれ、ドイツ人の父と、日本人の母の間に生まれている。兄たちも含めて音楽一家で「ヤンケピアノカルテット」も結成して音楽活動を行っているという。1986年生まれだから、2014年現在、28歳になる。若くして、このオーケストラの第1コンサートマスター（ミストレス）である。

　ラドゥ・ルプ、ちょっとごめんなさい。ここでは、有希・マヌエラ・ヤンケのバイオリンに出会った。しかも逆に、最前列のため、演奏する彼女の表情まで窺うことができた。

　それとともに「交響詩」*¹²でまとめた今日のコンサート。「交響詩」は、もともとリスト（Franz Liszt）が始めた形式らしい。

---

*¹¹ 「コンサートマスター」212ページ

*¹² 「交響詩」213ページ

第1部　ベルリンからの旅

　リストの交響詩は、『前奏曲』など数曲を聴いたことがあるが、『オルフェウス』は初めてだった。前菜と言っては失礼だが、10分ほどのリストの『オルフェウス』は、単楽章で、今日の演奏会全体に期待を持たせる、胃袋に優しい、そして、バイオリンが隠し味のようにディッシュを引き立てる1曲だった。

　一方、メインディッシュ、R・シュトラウスの『英雄の生涯』は多楽章、というよりは6つの標題のついた部分で構成されている。

　ある「英雄の一生」を、6つのテーマに基づいて音楽が展開される。「英雄の戦場」とか「英雄の平和時の仕事」といった標題が付いているが、切れ目なく演奏される。標題を知らないまま聴いても問題はない。激しい場面、そして穏やかな場面、そういったある男の生涯を余すところなくたっぷりと描いている。そして、大事なところで、有希のバイオリンが出てくる。

　標題3番目の「Des Helden Gefährtin」は「英雄の伴侶」と訳されているが、バイオリンをたっぷり聴かせる場面である。そしてまた終曲でも、今日の演奏会自体の余韻を残すようにバイオリンは歌う。来た！　と思っても、このバイオリニストは、私のようにフレーズに酔わないし、おぼれない。そして、実に的確で豊かな表現だと思った。

　指揮者のC・ティーレマンとの協働により、リストやR・シュトラウスを表現しているのだが、とりわけバイオリンソロは豊かに歌っていた。私はこのバイオリンソロを辿るようにこの曲を聴いたように思う。

55

Yuki Manuela Janke。このバイオリニストと出会えてよかった。そんな素敵なディナーだった。
　コンサートが終わって、私はライトアップされたゼンパーオーパーをずっと見やりながらトラムの停留所に向けて歩き始めたが、その建物の中で繰り広げられたすべてのことがなぜかとても「不思議な世界」に感じられた。
「今日、何がその中で繰り広げられたのか？」、「今日、その中で、私はどういうことを体験したのか？」、とてもデリケートな時間が動いたのに、建物（ゼンパーオーパー）はどんと構えて知らん顔をしているように思えた。

ドレスデン　ゼンパーオーパー歌劇場

第1部　ベルリンからの旅

　指揮者だけをみても、D・バレンボイム、S・ラトル、R・シャイー、C・ティーレマンという、今をときめく第一線の指揮者による4つのコンサートであった。

　時間が経つにしたがって、オーケストラ、ソリストを含めその贅沢さを実感している。

別表1再掲　2014年〔ベルリン・ライプツィヒ・ドレスデン〕

2月28日(金)	オペラ『トスカ』	プッチーニ	D・バレンボイム指揮 シュターツオーパー（ウンターデンリンデン）管弦楽団（ベルリン国立歌劇場工事中のためシラー劇場）
3月1日(土)	『ヨハネ受難曲』	J・S・バッハ	S・ラトル指揮 ベルリン・フィルハーモニー管弦楽団 ベルリン放送合唱団（フィルハーモニー）
3月2日(日)	『交響曲第7番「夜の歌」』	マーラー	R・シャイー指揮 ライプツィヒ・ゲヴァントハウス管弦楽団（ゲヴァントハウス）
3月4日(火)	『交響詩「オルフェウス」』『ピアノ協奏曲第4番』『交響詩「英雄の生涯」』	リスト ベートーヴェン R・シュトラウス	C・ティーレマン指揮 ピアノ：ラドゥ・ルプ ドレスデン・シュターツカペレ管弦楽団 バイオリンソロ：有希・マヌエラ・ヤンケ（ゼンパーオーパー歌劇場）

57

2　ドレスデンからプラハ、そして列車はブダペストへ

（ベルリン、ライプツィヒ、ドレスデン、プラハ、ブダペスト）

◇事故と事件

　翌2015年は、気に入ったこのコース、さらに足を延ばすことにした。

　ベルリンからライプツィヒ、そしてドレスデンへ、さらにドレスデンからプラハへ、そしてブダペストへ。

　のべ10泊12日の旅となった（別表４）。

　この時は、３月５日、関空からパリ経由でベルリンに入ったのだが、それぞれの訪問地において、「滞在日」を挟むこ

58

とができた。

3/5　　関空→（パリ→）ベルリン（空路）
3/6　　ベルリン滞在
3/7　　ベルリン→ライプツィヒ（鉄路）
3/8　　ライプツィヒ滞在
3/9　　ライプツィヒ→ドレスデン（鉄路）
3/10　　ドレスデン滞在
3/11　　ドレスデン→プラハ（鉄路）
3/12　　プラハ→ブダペスト（鉄路）
3/13　　ブダペスト滞在
3/14　　ブダペスト滞在
3/15　　ブダペスト→（パリ→）（空路）
3/16　　〜関空

　滞在日を作ることで、ゆったりとした旅程になったが、旅の緊張感や疲労感は長引くことになり、実は、最終目的地ブダペストでは「事故と事件」に見舞われることに繋がった。
　この時のベルリンフィル（指揮：ベルナルト・ハイティンク）が、ベートーヴェンの『交響曲第6番「田園」』と『バイオリン協奏曲』で、バイオリンはイザベル・ファウストだった。
　『田園』は、ラジオやCDなど、耳から入ってきて何度も聴いてきた音楽。
　後述することになるが、中学校の音楽の授業において解説

付きでレコードで聴いた音楽でもある*13。

今、目の前のステージから生演奏で展開される新鮮さに身体中の細胞が開いていくような感覚を覚えた。

先に演奏された『バイオリン協奏曲』も、CDなどでよく聴いた曲だったが、イザベル・ファウストのバイオリンを心の中で何度も頷きながら聴いたのを覚えている。説得力のある演奏だった。

ベルリンから鉄路ライプツィヒに入り、ライプツィヒ歌劇場では、ヴェルディのオペラ『ナブッコ』を、また、ドレスデンでは、初めてバレエを鑑賞した（チャイコフスキー作曲『白鳥の湖』ゼンパーオーパー歌劇場）。

ステージ上のバレエに目を遣りながら、オケピット（オーケストラボックス）*14のオーケストラの演奏を聴いていると、舞台上で歌や合唱が展開されるオペラの時よりも vivid（鮮やか）に耳に届いてくるように思えた。目はステージ上のバレエを見遣りながら、耳はオケピットのオーケストラの演奏に集中できるからかもしれない。

プラハも、ドレスデンからだと2時間余り、出発に際しても到着してからもゆったりとした日程を過ごすことができる*15。

---

*13　192ページ参照

*14　「オケピット」209ページ

*15　124ページ「ヨーロッパ各都市間『列車時間』のイメージ」参照

第1部　ベルリンからの旅

ライプツィヒ歌劇場

ドレスデン　ゼンパーオーパー歌劇場オケピット

ドレスデン中央駅9：07→（EC171号）
　　　　　　→11：25プラハ本駅（Hlavni 駅）

（2012年は、先にプラハに入り、その後鉄路ウィーンに帰ったのだが、確か5〜6時間を要した。もちろん、どこかで記述したように思うが、個人的には鉄道での移動は好きで、この程度の時間であればあまり退屈しないで楽しめる）

　プラハは2度目の訪問だったが、この年は、スメタナホールでのプラハ交響楽団（指揮：ペテル・アルトリヒテル）で、曲目はいずれもベートーヴェン。
『ピアノ協奏曲5番』（ピアノ：ユージン・インジック）と『交響曲第7番』。

プラハ市民会館　スメタナホール

第1部　ベルリンからの旅

ベルリンからのベートーヴェンシリーズになった。

さて、事故だが、ちょっと哀しい事故かもしれない。
プラハからブダペストはおよそ7時間の列車移動[16]。

プラハ本駅（Hlavni 駅）9：42→（EC277号）→
16：35ブダペスト東駅（Keleti pu 駅）

　朝9時42分にプラハを出発した列車は、夕方16時35分に
ブダペストに到着予定。プラハの駅で食べ物と飲み物を買い
込んでの乗車であった。
　列車はコンパートメント方式であったが、コンパートメン
トの外はすぐ通路になっているため、スーツケース等の置き
場が設置されておらず、一方、狭い4人掛けのコンパートメ
ントの床に置くのも他の乗客に迷惑がかかる。
　部屋の上方に目を遣ると、日本のいわゆる網棚のような形
状の幅も奥行きも広い荷物棚が目に入ったが、荷物棚は現地
サイズのためかなり高い位置にある。
　背の低い私にはまったく届かなかったので、瞬時迷った
が、片足だけ靴を脱いで座席に乗せ、投げ込むように載せよ
うとしたのだが、載りきらずずり落ちてきたのだ。どのくら
いの重量？　20キロ前後？
　私は、落ちてきたスーツケースを胸で受け止めるしかなく
（もちろん、片足の不安定な体勢もあって受け止めることが

───────────
[16]　124ページ「ヨーロッパ各都市間『列車時間』のイメージ」参照

荷物棚

できず)、スーツケースとともに後方に倒れ込んだ。

そして、運悪く、私の腰は座席の肘掛けに強打することになった。思わず呻き声が出るほどのまさに強打になった。

私は、4人掛けのコンパートメントの窓際に1人で腰掛け、スーツケースを抱きかかえながら窓外に視線を置き、ずっと痛みに耐える時間を過ごすことになった。途中乗り込んできた親切な乗客に、「そのスーツケース、棚に上げましょうか?」と言ってもらい、難なくスーツケースは高い棚に収まった。

その後、何人かの乗客が乗り降りしたが、不本意ながら痛みに耐え、ずっと黙って過ごすしかなかった。話をしたそうな乗客もいたが、ずっと窓の外に視線を置いたまま過ごすしかなかった(無愛想な日本人……)。

(朧気な記憶だが、ブダペストが近づいた頃スーツケースを降ろしてもらった。チェコ人かハンガリー人か、あるいはその他のヨーロッパの国からの旅行者かは不明のままである。短い英語での会話だった。私は最後に、右手を胸に当てて「Thank you!」と言って頭を下げた。自分を日本人だな、と

思った）

　列車好きにもこの「痛みに耐える7時間」はさすがに長い
と思った。

　ブダペストに着いたら医者に行くしかない。医者は見つか
るだろうか？　薬局は見つかるだろうか？　湿布って英語で
何と言うのだろう？

　病院や薬局等が見つかっても、腰を押さえて「I have
terrible back pain....」と言って顔をしかめるしかないように
思った。

　ブダペストには有名な温泉があり、温泉を楽しむには時間
がかかることも予想し、私にしては少し長めの滞在（3泊4
日）を予定していた（温泉用に水着も持参していた）。

　ホテルにチェックインして、すぐに医者を探すことにし
た。

　日本でもそうだが、診察時間や診察曜日などの現地事情も
あり、そして、腰を強打して痛みがあるので、その治療をし
てくれる病院や医院（整形外科）は近くにあるか？　と聞く
ことが難しい。

"Is there an orthopedic hospital near here?"

　ホテルのフロントではちょっと時間はかかったがようやく
通じたものの、この時間、どうやら病院等は開いていないよ
うだった。

　そうこうしているうちに、もし整形外科があったとしても
レントゲンを撮って、骨に異常がなければ、痛み止めの薬を
出してくれるぐらいに違いない、と思い直して病院は諦め、
薬局を探すことにした。

65

ブダペストでは、どの店も看板は小さく地味に書かれていたことや、ハンガリー語が理解できないこともあり、薬局探しにも時間がかかった。一軒一軒、店のウインドウの中を覗き込むようにして探し回り、やがて一軒のカウンターだけの小さな薬局を見つけた。ここは薬局に違いないと引き戸を開けると、まさにカウンターだけの狭く小さな薬局だった。日本では病院近くにある調剤薬局のような店造りで、広々としたドラッグストアに慣れた日本の生活を想う時間になった。

　症状をうまく表現できなかったこともあり、受け付けてくれた人は、途中で英語がわかる担当者を奥の方から呼び出し対応してくれたが……。

"Do you have any cold patch for back pain? . . . Pain relief patch?"

　しぐさでも示しながら、このくらいの大きさでと何度かやりとりをしたが……そもそも、日本にあるあの薄い貼り薬はないようで、結局、ぶ厚い湿布薬をいただいた（そうか、あの薄い貼り薬は日本の文化なのかもしれない？　いや、ハンガリーでたまたま入った店になかっただけかもしれない？）。

　ホテルに戻って、四隅を紙テープで固定して患部に貼りつけ、再び街に出た。

　薬局探しに時間を費やしたこともあり、観光はピンポイントに縮小することにした。

　ドナウ川に架かるくさり橋をペスト側からブダ側に渡り、ケーブルカーで王宮の丘に登った。

　そして、確か建物と建物の間、幅1メートルに満たない狭い通路を通り抜ける時だった。

第1部　ベルリンからの旅

　今にして思えば、いつの間にか急にどっと観光客が増えていて、私はその人混み（団体客？）にもまれるように（囲まれるように）通路を抜けようとした。抜ける寸前に、その人混みの中の一人に「写真を撮ってくれ」と頼まれた。

「ここで？」と聞いたら「ここでだ」と答えたので、やむを得ずカメラを受け取り、シャッターを切った。美しい背景があるわけでもないので、怪訝に思ったが、通路を通り抜けて、眼下にドナウ川とブダペストの街が一望できる展望台に立ってみて初めて気づいたことがあった。ショルダーバッグのファスナーが開いていたのだ。

　自分がどこかで開けたままで閉め忘れたのかな？　と思った瞬間、財布が無くなっていることに気づいた。

（そう。まんまと両手でカメラを操作してしまった！）

　そうか。あの通路の突然の人混みはグループだったのだ。

　その後、残念ながら王宮の丘ではどんな観光をしたのかあまり覚えていない。

　すぐにホテルに戻り、警察の場所を聞いた。

　そして、財布の中身を思い出すために冷静にメモをとった。

　幸いにも現金の一部はパスポートとともにホテルの部屋の金庫に入れていたが、財布には、その日の行動費見合い（現金）とカードが数枚入っていた。

　私は急いで部屋から自宅に電話して、当該銀行とカード会社の電話番号を調べてもらい、銀行などに、旅行中盗難に遭ったこと、カードナンバーはわからないが、自分の名前と

67

住所、生年月日などを伝えカードを停止してもらうことに全力を注いだ。

　そして、ホテルで教えてもらった警察（派出所？）を探して歩いた。途中、何度か道を尋ねて、ようやくその警察に辿り着き、事情を話した。

　警察官は、犯行の手口などから「隣の国から来ている窃盗団だ」と断定した（ここでは国名は伏せておきたい）。

　たぶんカード類には手をつけず捨てているだろうというアドバイスも受けた。

　盗難証明書を書いてもらい、日本の大使館にも照会してもらった。

　（帰国後、このハンガリーの日本大使館から自宅に確認の電話があった。そして、犯人はまだ見つかっていないが、見つかったらすぐ知らせるとの連絡があった。また、帰国後、この盗難証明書は旅行保険による補償金の請求の際役立っている。戻ってきたのは、新品の財布だけだったが……。また、幸い、盗難に遭ったカード類は使われておらず、番号を変えて再発行してもらった）

　失ったのは、むしろ多くの「時間」かもしれない。

　滞在時間は長かったが、腰痛と盗難のため気分が塞がれて、歩き回ることにも消極的になり、温泉はおろか、ブダペストの魅力にもほとんど接することがなかった。偶然に違いないが、滞在期間中はどんよりと曇っていることが多く、ブダペストの街のイメージは、今も鈍色のままである。

　ただ、失意の中で、二晩とも執念のようにコンサートホールを探し演奏会には足を運んだ。

第1部　ベルリンからの旅

リスト音楽院

リスト音楽院ホール

　しかし、コンサートに係わる大事なことをメモするのを忘れ、やや不確かな記録となった。
　MAV交響楽団についての知識がなかったことと、指揮者ゲルゲイ・ケッシェヤーク（Gergely Kesselyak）についても初めてであった。ドビュッシーとリュブニコフの作品。

　次の日は、ブラームスの『ハンガリアンダンス第5番』とリストの『ハンガリー狂詩曲』だったが、まさにハンガリアンダンス。
　弦楽アンサンブルということで、ハンガリーの演奏者によるクラシック音楽を聴くことができるという期待は膨らんだが、踊りを中心としたショーであった。
　観光客向けではあったが、お陰でハンガリアンダンスを鑑賞することができた（別表4）。

第1部　ベルリンからの旅

別表4　2015年〔ベルリン・ライプツィヒ・ドレスデン・プラハ・ブダペスト〕

3月6日(金)	『バイオリン協奏曲』『交響曲第6番「田園」』	ベートーヴェン	ベルナルト・ハイティンク指揮 バイオリン：イザベル・ファウスト ベルリン・フィルハーモニー管弦楽団 （フィルハーモニー）
3月8日(日)	オペラ『ナブッコ』	ヴェルディ	アンソニー・ブラモール指揮 ゲヴァントハウス管弦楽団 ライプツィヒ歌劇場合唱団 （ライプツィヒ歌劇場）
3月9日(月)	バレエ『白鳥の湖』	チャイコフスキー	ドレスデンゼンパーオーパー （ゼンパーオーパー歌劇場）
3月11日(水)	『ピアノ協奏曲第5番』『交響曲第7番』	ベートーヴェン	ペテル・アルトリヒテル指揮 ピアノ：ユージン・インジック プラハ交響楽団 （プラハ市民会館：スメタナホール）
3月13日(金)	カンタータ『放蕩息子』『交響曲第6番』	ドビュッシー リュブニコフ	ゲルゲイ・ケッシェヤーク指揮 MAVブダペスト交響楽団 （リスト音楽院ホール）
3月14日(土)	『ハンガリアンダンス第5番』『ハンガリー狂詩曲』	ブラームス リスト	指揮者なし ハンガリアンフォークアンサンブル （ドゥナパロタ）

71

3 | 日本と西欧の伝統音楽　連続４日間
（京都〜アムステルダム〜ベルリン〜ドレスデン〜
ベルリン〜アムステルダム）

　2017年11月２日夜、京都観世会館。
「学校教育に能を」をコンセプトに、観世流シテ方能楽師河村晴久さんが委員長を務める伝統音楽普及促進事業実行委員会の一員として、能楽講座「『敦盛』の魅力」＊17を開催した翌朝、関西国際空港からアムステルダムに飛んだ。

＊17　「学校教育に能を」をコンセプトに、文化庁と伝統音楽普及促進事業実行委員会が主催する能楽講座（2017年11月２日京都観世会館にて開催）。「能『敦盛』」は、『平家物語』（巻九）「敦盛最期」の段を元に世阿弥が創った能の演目の一つ。中之舞（＊注「静かな舞と早い舞の中間位の舞」）を舞う優雅な演目である。──「熊谷直実出家して蓮生法師は、昔、若武者敦盛を討った戦地須磨の浦で、敦盛の亡霊と出会う。敦盛（亡霊）は、平家最後の宴を懐かしみ『中之舞』を舞い、一旦は蓮生（直実）を討とうとするが、出家した者は最早敵ではないと悟り、『極楽浄土では同じ蓮に生まれ変わるだろう』と言い残して消えていく」というストーリー。
【この日の主な能楽師】
シテ方：河村晴久（観世流）、ワキ方：有松遼一（高安流）、
囃子方：笛・森田保美（森田流）、小鼓・大倉源次郎（大倉流）、
大鼓・河村大（石井流）

第1部　ベルリンからの旅

コンサートプログラム*18の都合で、11月3日アムステルダム、その翌日は空路ベルリンに、そして、さらに次の日はベルリンから鉄路ドレスデンに向かう音楽の旅になった。

睡眠不足を伴う移動の激しさに加え、能楽講座を加えると、4日連続のコンサートとなり、最後のコンサートが終わると、今度は、緊張がほどけていくようにドレスデンからベルリンへ、そして、再びアムステルダムに戻るという、ちょっと不経済な、いつもながらの駆け足の旅となった。

三木清は、『人生論ノート』（新潮文庫）の「旅について」の章で、「旅はつねに遠くて、しかもつねにあわただしいものである。それだからそこに漂泊の感情が湧いてくる。」と述べているが、今回の旅は、まさに慌ただしさが際立つ旅になった。

たかが1週間程度の旅をして「漂泊」というのもおこがましいが、さすらうような時間、そして、慌ただしい時間が長く続いた。

李白も西行も芭蕉も山頭火も漂泊の詩人と呼ばれるが、「詩人とは、『漂泊の心』そのもの」かもしれない。種田山頭火の「けふもいちにち風をあるいてきた」の「風」にはやや悲壮感が漂うが、日々の暮らしの中で、「漂泊の心」を封じることなく生きていきたい。

────────────

*18　84ページ参照

✧初めてのコンセルトヘボウ　アムステルダムへ

　ヨーロッパへの旅は、オーストリア航空でウィーンに、ルフトハンザ航空でドイツに直行することもあるが、KLM オランダ航空を利用することも多く、スキポール空港ではトランジットの時間を過ごすことが多い。

　しかし、スキポール空港内を散歩することはあっても、今までアムステルダムの街に降り立ったことはなかった。

　12時間ほどの長い空の旅。いよいよあと1～2時間で最終目的地に着くというもどかしさの中、トランジットのためこの空港内で過ごす。そして、離着陸時に小さな窓から見えるオランダ。

　北海に面し、南にはベルギーが、東にはドイツが広がっている。海を隔ててデンマークやイギリスと向き合う国。

KLMの青い機体

第1部　ベルリンからの旅

　空港内ではなく、アムステルダムに降り立って街歩きがしたいという想いが募っていた。

　また一方で、ウィーンフィルやベルリンフィルと並び、世界の３大オーケストラと呼ばれるコンセルトヘボウ管は未だ本拠地では聴いたことがなかった。

　したがって、本拠地アムステルダムでコンセルトヘボウ管の演奏を聴くことがこの年の旅の最大の動機であった（別表５）。

　関西国際空港11：00→（KL868便）
　　　　　→現地時間14：50　スキポール空港
　　　　　　（時差８時間〈参考：夏７時間〉）

　自宅から関西国際空港（以下：関空）までは２時間半程度を要する。

　出発の２時間前に到着するとしても、前の夜、能楽講座を終えて帰宅し、朝６時頃の電車に乗るためには３、４時間の睡眠になってしまう（そのため、荷物のパッキングやパスポート等携行品の準備は前もって済ませておいた）。

　飛行機は予定どおり、現地午後３時頃スキポール空港に着陸した。

　スーツケースをピックアップして、空港からはタクシーでホテルに向かった。

　初日はこうしてタクシーか専用車と決めている。

　最初の目的地（ホテル）が電車の発着が便利な時は、空港

75

から電車も利用するが、多くは、途中でトラムや地下鉄、バスに乗り継がねばならず、ゴロゴロとスーツケースを引いて長い距離を歩くことのストレスや、エレベーターのない地下から地上への長い階段の昇り降り、トラムやバスの乗降時が大混乱してしまうことなどを恐れて、タクシーでホテルに向かうことが多い。

　日本とは異なる乗り物のステップの高さの違いで何度か転びそうになったこともあり、混んでいる場合は乗ることにも気が引ける。

（実際に列車のステップからホームに転げ落ちたこともある。しかし、最早、ステップの高さのせいだけとは限らない？）

　そして、地図を片手にスーツケースを引いて、道を尋ねながら歩くというのは、旅行中回復しがたい疲れとなることもある。

　また、私は俗に言う「方向音痴」で、説明を聞いても、間違った地点に居ることもしばしばである。気がつくと、道を尋ねた最初の地点に戻ってしまうこともある。「（えっと、確か、）三筋目を右に、100メートルほど行くと、○○という建物がある。その建物を左へ。そうね。さらに200メートルほど行って△△を越えた角を右に……」

　さて、現地14：50着ということは、日本時間（時差8時間）で夜の11時、そして、この日のコンサートは現地時間で夜の8時15分から。

　日本時間で言うと、早朝4時から2〜3時間程度のコンサートということになる。

第1部　ベルリンからの旅

　前夜3時間程度の睡眠、しかも、いつものとおり飛行機の中でもまったく眠ることができなかったので、日本での起床から24時間眠っていないことになる。

　いつも初日のコンサートはこういった身体（精神）状況で演奏を聴くことになる。いわば徹夜で勉強して翌朝の試験に臨んでいるのと等しく、試験同様、コンサートにおいてはさらに緊張を高めるべく努めるのである。

　何とか現地時間になじめるようになるのは、初日のコンサートも終わり、ようやくゆっくり睡眠をとることができた次の日の朝ということになる。

　というわけで、初日はいつものようにタクシーで先ずホテルに向かうことになった。

　（私のこれまでの旅は、飛行機やホテルは自分で手配することもあったが、飛行機とホテルのみを旅行会社に依頼するケースが多い）

　経験上、スーツケースを持っての初めての街では、ホテルの位置によっては、旅行会社が手配してくれる専用車の方が安心かもしれない。空港ロビーで手書きの名前表示を高く掲げて迎えてくれる専用車のことである（自分の名前を書いた札が掲げられているとほっとする）。

　しかし、飛行機が大幅に遅れる経験もあり、ホテルへの連絡はともかく、専用車への飛行機遅延の連絡は難しく、ストレスがたまる。

　最も遅れたのは、この同じスキポール空港にて、KLMからアリタリア航空へのトランジットで、8時間だった。

77

日本の旅行会社に電話してみると、「では、フィレンツェのホテルは１泊キャンセルしておきますね。専用車は放っておいてください」とのことだった。

　利用する側としては心を痛める遅延だったが、業者サイドではよくあることなのかもしれない。

　因みに、この時、日本（関空）からの飛行時間12時間、トランジット５時間プラス遅れ３時間、急な搭乗口の変更などの対応に右往左往して、イタリアへのフライトが２時間余り。

　疲れ切り、朦朧とした意識の中で降りた空港は、フィレンツェではなく、なんとローマだった。

「フィレンツェの空港が濃霧のため、ローマに着陸する」と機内放送があったらしいが、聞き取れないまま、とりあえず飛行機を降りた。

　空港ロビーでも、しばらくはローマとは気づかず、タクシーに乗り込んでフィレンツェのホテルの名前を告げると、タクシー運転手から「ここはローマだよ」と教えられるまで気づかないほど朦朧とした状態だった。「えっ、ローマ？」

　タクシー乗り場からロビーに戻ると、ロビーに人垣ができていて、どうやらアリタリア航空職員による乗客への説明のようだ。

　同機の搭乗者全員にホテルを手配していること、これから全員バスによりホテルに移動すること、翌朝のフィレンツェへの搭乗券引換証を配布すること等の説明を受けた。

　考えてみれば、関空からハブ空港スキポールには日本人は多かったが、スキポールからフィレンツェ（ローマ）には、

第1部 ベルリンからの旅

中国からの数名のグループを除くと、他には東アジア人（日本人）は見当たらなかった。それはそうかもしれない、と思いながら、イタリア語の丁寧な（？）説明のあとの、短い英語の説明に集中するだけであった。

ホテルではようやくシャワーを使うことができ、1時間ほど仮眠できただろうか、迎えのバスの時間までを緊張して過ごした。スマホの時計もそのままなので、目覚ましは、とりあえず今指している時刻の1時間後に設定したのを覚えている。日本時間？　オランダ時間？　フィレンツェ？　ローマ？

（実は、よく考えると、スキポールもフィレンツェもローマもみんな同時刻である）

期せずして、翌朝、過去に自身も演奏したことのある本物の「ローマの松」[19] を見ることはできたが、私の判断の根底には、常にこの朦朧体験が宿っている。

フィレンツェのホテルの名前は失念したが、タクシーの運転手が、仮に「了解しました。○○ホテルですね」と言って、フィレンツェまで飛ばしていたら、いったいどれくらいの時間とどれくらいの経費がかかったのだろうか？

ぞっとする経験でもある。

因みに、フィレンツェの英語名は Florence（フローレンス）。

ちょっと別の地名のように響く。ローマ神話で Flora は花の女神。Firenze、Florence どちらも「花の都」という意味らしい。

---

[19]　参考：レスピーギ作曲『交響詩「ローマの松」』

タクシーの運転手は、英語で「そのホテルはフローレンスだ」と言った。

　いわば、札幌だと思い込んでいたのが、雪のために羽田に着陸したのを気づかなかったといったイタリア体験。

　小さな機体のため、エンジンの音などで機内放送が籠もって聞き取りにくかったこともあるが、降りた空港名もわからなかったこの朦朧体験をきっかけに、「迎えの専用車」を躊躇することが多くなった。

　専用車は、別途契約どおりの料金が旅行会社を通じて支払われるので安心だが、飛行機の大幅な遅延などでキャンセルの連絡がしにくいこと、また、一人で利用するには少し割高であることなどリスクもある。郊外の飛行場から、ホテルまではタクシーの方が安い場合が多い。

　ただ、タクシーは、（足元を見て）時々遠回りをすることがある。

　タクシーの運転手との最初の会話で、「I'm the first time in this city.」は、危ない会話の一つかもしれない。

　さて、今回は、空港からタクシーにて空港専用道路を一気にひた走り、無事ホテルに到着した。

　ホテルはコンセルトヘボウの真隣だった。ホール近くのホテルをというオーダーをしていたが、なんとホテルの入り口がホールの楽屋入り口に接しているほど真隣だった。

　安いとは言え２段ベッド以外はスーツケースを広げることもできないくらいの狭いスペース。旅の最初のホテルであ

第1部　ベルリンからの旅

り、戻ってきて旅の最後に宿泊するホテルでもあるので悪い予感。

　街に出てみるが、時間が少し中途半端であった。

　私の場合、初めての街では、先ずホールの下見をするのが常だが、（したがって）下見は5分で完了し、とりあえず"初めての街"の空気を吸うことにした。

　目的地も定めず、ゆっくりしたペースの街歩きで、人々の生活の動きを眺めたり、時々ショーウインドウを覗き込んだりして歩く程度で、北西に延びる電車道を1時間ほど歩いて、くるりと踵を返して真っ直ぐに戻ってきた。

（コンサートに体力・気力を残すことを意識しての行動である）

　アムステルダムは自転車の街。

　歩道を歩いていると、隣のレーンを次々と自転車がもの凄いスピードで駆け抜けていく。ぼやぼやしているとぶつかりそうになる自転車の量とそのスピード。自転車専用レーンはあるが、ふらふらと歩いていると歩道も安全とは言えない（翌朝の通勤時間には、その自転車の量とスピードにしばらく目を奪われたぐらいだった）。

　戻ってきて改めて周りを見渡すと、コンセルトヘボウは、ミュージアム広場（Museumplein）の一角にあり、広場を挟んでアムステルダム国立美術館（Rijksmuseum）やファン・ゴッホ美術館（Van Gogh Museum）、アムステルダム市立美術館（Stedelijk Museum Amsterdam）がある素敵な芸術スポットである。

　広場を囲むようにミュージアムや音楽ホールがあるという

81

よりは、広場は美術館や音楽ホールへのアプローチであり、「日常生活」から抜け出しながら、入場前の期待感を高めたり、退場後の余韻に浸るために「広場」が作られているという見方もできる。

ヨーロッパの街では、何度か「路地と広場」の文化があるという実感を得てきたが、ややニュアンスは異なるものの、ここでも「広場」の持つ役割を実感したように思う。

「住民が集まって議論をする空間」として生まれてきたといわれるヨーロッパの市民の「広場」。

いくつかの「路地」が「広場」に通じている街のあり方。日本の街にある「公園」とは果たす役割がやや異なっているように思える。確かに「ひと休み」する空間として広場が果たす役割は共通しているようだが、ヨーロッパの街では、広場から何本かの道が（時には放射状にも）延びているように思える。

数年前、ドレスデンのゼンパーオーパー歌劇場に向かう道すがら、いくつもの狭い道（路地）を縫うようにして歩いてフラウエン教会前の広場に出たときの開放感を思い出していた。

そう、プラハでも、路地を歩いていて広場に抜け出た記憶が残っている。

狭い路地を歩いていて、「旧市街広場」や国立博物館に通じるヴァーツラフ広場に出た時の開放感は格別であった。

このアムステルダムのミュージアム広場の成り立ちはわからないが、生活道路から一歩入り、緩やかに歩くことを楽しむ空間でもある。イタリアやドイツ、そしてプラハの古い街並みで感じたものとはかなり異なるが（つまり路地を歩いて

82

第1部　ベルリンからの旅

コンセルトヘボウ（ミュージアム広場から）

月夜のコンセルトヘボウ

いると、ぱっと広場に出るといった感じではないが）、公園
ではない「広場」の発想には通底したものを感じる。

　今回の私のアムステルダム訪問のあり方は、とても中途半
端で、この街の必見スポットには辿り着かないほど駆け足
の、まさに通り抜けになってしまうに違いない。

　ベルリンから戻ってきたら、私はきっといくつかのミュー
ジアムを訪れるに違いない。目の前の美術館を外観だけ見て
帰るわけにはいかないだろう。

　運河やハネ橋、風車……アムステルダムを感じるのは次回
に委ねるしかない。

別表5　2017年II（アムステルダム・ベルリン・ドレスデン）

11/6 森鷗外記念館、11/7 アムステルダム国立美術館、11/8 ファ
ン・ゴッホ美術館。旅程：アムステルダム→ベルリン→ドレスデ
ン→ベルリン→アムステルダム

11月3日㈮	『バイオリン協奏曲』	ベートーヴェン	ダニエル・ガッティ指揮 バイオリン：フランク・ペーター・ツィンマーマン ロイヤル・コンセルトヘボウ管弦楽団 （コンセルトヘボウ）
	『交響曲第1番』	ブラームス	
11月4日㈯	『交響詩「ドン・ファン」』	R・シュトラウス	サイモン・ラトル指揮 ピアノ：ラン・ラン ベルリン・フィルハーモニー管弦楽団 （フィルハーモニー）
	『ピアノ協奏曲第2番』	バルトーク	
	『交響曲第2番』	ブラームス	

11月5日(日)	楽劇『神々の黄昏』（『ニーベルングの指環』より）	ワーグナー	クリスチャン・ティーレマン指揮 ドレスデン・シュターツカペレ管弦楽団 ゼンパーオーパー歌劇場合唱団 （ゼンパーオーパー歌劇場）

　さて、今回の「音楽鑑賞の旅」のメニューである。

　ブラームスの『交響曲第1番』と『第2番』、ブラームス・チクルス（独 Zyklus）のような連夜のブラームスが楽しみなプログラムである……(別表5)。

　11月3日は、そのコンセルトヘボウ。

　ダニエル・ガッティ（以下、D・ガッティ）指揮のロイヤル・コンセルトヘボウ管弦楽団。

　1曲目は、ベートーヴェン作曲『バイオリン協奏曲』。バイオリンはフランク・ペーター・ツィンマーマン（以下、F・P・ツィンマーマン）。

　F・P・ツィンマーマンのバイオリンコンチェルトは、表現力豊かで細部にわたりきめ細かく歌う上品な演奏だった。ただ、ダイナミクス[20]の幅で言うなら、pp〜ff の内、繊細な表現の pp、しかも ff をかなり抑えて演奏しているように思えた。

　豊かな表現を味わうことはできたが、各楽章のテーマ（や展開されるモティーフ）の高まりにおいてその極みにはやや

────────────

[20]　「ダイナミクス」214ページ

不満が残る演奏だった。

　座席は下手側のかなり後方の平戸間席だったが、場内に吸い込まれてバイオリンの音が私の座席まで届いてこなかったのかもしれない。やや食い足りない思いが残った。

　2015年3月、イザベル・ファウスト*²¹のバイオリン、ベルリンフィル（指揮B・ハイティンク）で聴いた同曲の印象が蘇ってきた。イザベルの時は、何か胸に迫るもの（圧倒感）を感じたからである。

　続いて、ブラームス作曲『交響曲第1番』。

　バイオリンコンチェルトで前のめりになっていた身体をゆったりとシートに沈めて、第1楽章から第3楽章を聴き、第4楽章を迎えた。

　第4楽章に入りしばらくすると、独特のリズム感を持った弦楽器のピッチカートが緊張感を高め、ティンパニーの連打が続く。その弦楽器群の身体の動きや、一番後ろで演奏するティンパニー奏者の動きによって、当然のことながら視覚的にも音楽をとらえることができ、奏者のその豊かな動きは、耳からの音楽に一層大きなリアリティを伴って伝わってきた。

　やがてティンパニーの音が次第に小さくなり、耳を澄ますと、ややあって、ホルンが、放牧の羊たちに呼びかけるあのアルペンホルンのように朗々としかも緊張感を保って歌い続ける。

　そうか、ホルンのあの途切れることのない長いフレーズ

_____

*²¹　59ページ参照

は、1番ホルンと2番ホルンが途切れないように交互に演奏しているのだ（楽譜を見ていないので、このフレーズは一人で演奏しているのだと思い込んでいた）。

そして、ホルンに続く清々しいフルートもフレーズの息継ぎのあと、もう一人の奏者が続けている。

こうして息の長いフレーズがより豊穣に奏でられているのか。

しかし、一人のホルン奏者、フルート奏者のように聞こえてくる。

因みに、アルペンホルンのこのメロディは、ブラームスが、愛するクララ・シューマンに贈った歌曲の断片と言われている。

❖クララについての覚え書き

クララ・ヨゼフィーネ・シューマン（1819－1896）

ドイツ生まれのピアニストであり作曲家。ロベルト・シューマンの妻（ユーロに変わる直前のマルク紙幣にクララの肖像画が使用されていたほどドイツの高名なピアニストである）。

ブラームスがこのクララに恋慕の気持ちを抱き続けたことや、夫のシューマンの死後、二人が恋愛関係になったという話は有名だが、裏付けるものはない（ただし、多くのエピソードが残っている）。

やがて、予感に満ちた静まりの中から、あの心も浮き立つ有名なメロディが引き出される。誰もが愛してやまないメロディ。

　また、このブラームスの『第1番』は、ベートーヴェンの第10交響曲と呼ばれることもあり、特にこの第4楽章は、ベートーヴェン最後の交響曲『交響曲第9番（合唱付き）』を彷彿させる。ブラームスが尊敬するベートーヴェンのメロディが断片的に想起されることは、私にはむしろ歓迎すべき微笑ましい「メロディのリレー」に思える。

　他の箇所でも触れることになるが、ベートーヴェンは、1770～1827年の生涯だったが、シューベルトは1797～1828年。

　ベートーヴェンと重なるように生き、そして、まさに追いかけるように逝っている。

　一方、ブラームスは、1833～1897年。
（クララが亡くなった翌年、ブラームスは逝っている）

　まさに、新しい風に吹かれる中で、ベートーヴェンの大きな仕事を敬愛して生きた音楽家の一人と言える。

　広い意味で、バッハやヘンデル、ハイドン、そしてモーツァルトの時代、バロックや古典派を受けたベートーヴェン、ベートーヴェンを敬愛する19世紀を中心としたロマン派の時代、まさに「次の時代」にブラームスはいた。

　ブラームスの『交響曲第1番』は、いくつもの愛すべきフ

第1部　ベルリンからの旅

コンセルトヘボウ（座席から）

レーズを重ねていって、そして劇的に終わった。

　間髪を容れない大きな拍手とブラボーの歓声に応えて、D・ガッティはコンセルトヘボウ管のメンバーを立たせ、ホルンやフルートを立たせた。鳴り止まない拍手に何度もメンバーを立たせ、D・ガッティも拍手に応えてコンサートは終わった。

　終演後、私は、しばらく目の前のミュージアム広場を歩いた。ホールのすぐ隣にあるホテルの部屋に直接戻ってしまえば、余韻が内に籠もってしまいそうで、ホテルからはむしろ離れることになるが、コンサートの興奮を放電するかのように広場をゆっくり歩いて過ごした。

　その後、ホテル近くのスーパーに立ち寄って、いつものようにソーセージ挟みパンとビールなどを仕入れて部屋で寛ぎ

ながら、コンサートの余韻に浸った。

◇ベルリン・フィルハーモニーへ

　次の朝、スキポールからベルリンへは空路。

　実は、ベルリンでの夜のコンサートには列車でも十分間に合ったので、列車で移動したかったのだが、今回は飛行機とホテルがセットになった「ベルリン（自由）旅」を、アムステルダムで途中降機するかたちをとっていたので、列車にすると別料金がかかった。

　しかし、追加料金を支払っても、やはり「列車の旅」がしたいと思った。

　ベルリンに向かう飛行機は９時50分発。朝食の後、フロントにタクシーを手配してもらい空港に向かった。帰りに立ち寄るにしても、アムステルダムはコンサート鑑賞のためだけの短い滞在だった。

　　スキポール空港９：50→（KL1823便）
　　　　　　　　　　　　→11：10テーゲル空港

　KL1823便は予定どおりベルリンテーゲル空港に到着した。

　ベルリンのホテルは、ポツダマー・プラッツに近いアンハルター・バーンホーフ駅近く。したがってベルリン・フィルハーモニーにも近い。

　チェックインを済ませると、地下鉄でポツダム広場に向かい、念のため足を延ばして、先ずすぐ近くのフィルハーモ

第1部　ベルリンからの旅

ベルリン・フィルハーモニー外観

ベルリン・フィルハーモニー

ニー（ホール）を確認した。あの黄色い建物に懐かしいようなときめくような気分に浸った。

　ポツダム広場に戻って、ソーセージ挟みパンとコーヒーを手に入れ、ソニーセンターの中庭のベンチで昼食をとった。

　そして、早めにホテルに戻り、しばし休息をとったあと、いつものブレザーを羽織ってフィルハーモニーを目指した。

　S・ラトル指揮ベルリン・フィルハーモニー管弦楽団。

　1曲目は、R・シュトラウス、『交響詩「ドン・ファン」』。「交響詩」[22]は、リストが創始した「詩的な要素や絵画的な内容を表現する管弦楽曲のジャンル」で、Sinfonische Dichtung（独）（Symphonic Poem〈英〉）を日本語で表したものである。

　R・シュトラウスは、このリストの交響詩の概念を拡大して多くの作品を残している。

　この『ドン・ファン』をはじめ、『マクベス』、『ティル・オイレンシュピーゲルの愉快ないたずら』、『ツァラトゥストラはこう語った』、『ドン・キホーテ』などである。『ドン・ファン』は、あの理想の女性を追い求めて遍歴を重ねるスペインの伝説上の人物（物語）であるが、曲の導入部で提示されるいくつかのテーマやリズム動機が巧みに展開されていき、まさに劇的に終わった。

　コンサートプログラムの1曲目としては、私には、やや劇的に展開しすぎるように思えた。

────────────

[22]　「交響詩」213ページ

　　　　　　　　　　　　　　第1部　ベルリンからの旅

　そして、2曲目が、バルトークの『ピアノ協奏曲第2番』。

　バルトークは、リスト、コダーイとともにハンガリーを代
表する作曲家である。

　私は、ふだんバルトークの音楽を積極的に聴くことはな
く、しかもピアノコンチェルトを聴くのは初めてであった。

　この日のピアノは、ラン・ラン（Lang Lang、1982年生ま
れ、中国出身）。

　鍵盤の上の10本の指が手品か魔術のように動く。ラン・
ランの超絶技法。

　私は、ピアノに向かうラン・ランに釘付けになってこのピ
アノコンチェルトを聴いた。オーケストラのメンバーの表情
にも、ラン・ランへの一種敬意にも似た眼差しが窺えた。

　と言うか、始まりの第1楽章（allegro 4分の3拍子）で
は、弦楽器の演奏がなく、華やかに響く管楽器とピアノソロ
ということもあって、ステージ前方に座する弦楽器奏者の視
線がソリストに注がれていたのかもしれない。

　しかし、楽譜を見ていないが、私のような素人にもかなり
の難曲であると思われた。

　客席も、まさに固唾を呑んで微動だにしないといった雰囲
気だった。

　第2楽章が、adagioであったことが救いのように安堵の空
気が漂った。

　そして、第3楽章（allegro molto 4分の2拍子）[23]。

　確かにアレグロ・モルトではあるのだろうが、かなりの早

─────────────
[23]　「allegro」「adagio」「allegro molto」214ページ

93

技。いくつものテーマがかたちを変えて反復されていくロンド＊24形式。

　大きな緊張感と切迫感を伴って惹きつけられた観客は、バルトークの音楽、そしてラン・ランのまさに息をつく暇も無い超絶技法や表現力に大きな拍手を送った。と言うか、いつの間にかラン・ランが客席に向かってお辞儀をしていた。魔術師みたいだ、と思った。

　3曲目は、ブラームス作曲『交響曲第2番』。

　昨日のコンセルトヘボウ管（指揮D・ガッティ）、ブラームスの『交響曲第1番』は、約20年かけて作曲されているが、この『第2番』は、『第1番』完成後、約4カ月で完成させている。

　個人的には、やや牧歌的な雰囲気を湛えるこの『第2番』は好みの1曲だが、特に、ラン・ランのバルトーク『ピアノ協奏曲第2番』を聴いた直後、まさに「激情」のあとのブラームス『第2番』の第1楽章は一層叙情性に溢れ、たっぷりと心に染み込んできた。

　音楽というのは、安らぎをもたらすものだけではないにしても、前曲がバルトークということもあり、私は、一層深い安らぎにも似た雰囲気に満たされるのであった。

　まさにシートに深く腰掛けている私に、ベルリンフィルと指揮者のS・ラトルは、静かに（p）、そして優しく柔らかく（dolce）＊25ブラームスを届けてくれた。特に、高音部の弦楽

＊24　「ロンド」215ページ

＊25　「piano (p)」「dolce」214ページ

器が奏でる最初のテーマは、見事な入り方であった。

　第2楽章は、目の前に美しい自然を想起させるようなテーマで展開するが、私には、第1楽章でやや開きすぎた感性をむしろ引き締めるような語りかけに聞こえた。

　そして、リズム感溢れる第3楽章の演奏に身体ごと反応し、終楽章ではまさに躍動感溢れる演奏に、心の中にはいくつもの「感興の芽」を誕生させながら、ブラームス『交響曲第2番』は劇的に終わった。

　S・ラトルとベルリンフィルの息の合った演奏に、感動の拍手の波が広がった。最初にステージに向けて、また長く続く拍手の最中、隣の観客と目を合わせるようにしながら、一層大きな拍手の渦となっていった。

　観客のささやき（ドイツ語）はわからなかったが、「よかったね」「うん、よかった。すごい演奏だった！」「そう、震えそう」……といった会話に思えた。確かカップルで座っていた女性の方だったと記憶しているが、隣の席の私にも「よかったね」と微笑みを送ってくれたので、私もどういう英語にしたか、たぶん「Excellent!」と言ったように思う。大きくうなずいて微笑みをお返しした。そして、拍手はまだまだ続くのであった。

◆ワーグナー『神々の黄昏』の衝撃　ドレスデンにて

翌2017年11月5日。

> ベルリン中央駅9：04→(EC173号)
> 　　　　　→10：56ドレスデン中央駅

　2時間弱の列車の旅でドレスデンに到着した。
　予約した駅前のホテルは、まだチェックインの時間ではなかったので、荷物を預け、いつものとおりいくつもの道を縫うように歩き、30分も歩いただろうか？　フラウエン（聖母）教会前の広場に辿り着いた。この辺りがいわゆるドレスデンの旧市街。エルベ川を挟んで北側には新市街が広がる。
　ドレスデン城や大聖堂を巻くように路地を歩いていき、エ

ブリュールのテラスから

ルベ川の南岸、城壁の跡に造られた1キロに及ぶ堤防上のテラス、「ブリュールのテラス」に辿り着いた。

　そして、いつも座るベンチに腰掛け、エルベ川に視線を放り投げる時間が訪れた。

　遠くに、そして近くに、また遠くに……。

　これらの風景を眺めている遥かな時間。

　とても深い安らぎと優しい血流が身体全体に流れていくのを感じた。

　誰かにこの"「ブリュールのテラス」の安らぎ"について説明したいのだが、まだうまく説明できないでいる。

　ガイドブックのような一般的な説明になることを恐れて、むしろ、誰にも話したことのないこの"ブリュールのテラスの時間"。

　因みに、ガイドブック風に言えば、「文豪ゲーテは、特にこの場所を好み、『ヨーロッパのバルコニー』と呼んだ」といった説明になる。

　エルベ河畔に開けた古都ドレスデン。18世紀前半ザクセン選帝侯によって造られた街。神聖ローマ帝国解体後は、ザクセン王国の首都として発展していった。第二次世界大戦では連合軍の空爆によって破壊されたが、戦後は旧市街の復興が進み、歴史的建造物は再建されていった。

　フラウエン教会は長らく瓦礫のまま放置されていたが、東西ドイツ統一後世界中から多額の寄付を得て2005年に再建されている。

　"ブリュールのテラスの時間"で1年分のストレスがすっか

り癒やされたあと、今晩訪れるゼンパーオーパー歌劇場や何度か訪れたツヴィンガー宮殿を通りの向こうに見遣りながら、ホテルに戻る漫歩は続いた。

　参考までに、ツヴィンガー宮殿だけではなく、ドレスデン城や大聖堂、フラウエン教会など旧市街のこの地域は、中に入って見学する価値のある歴史的な建物ばかりで、素通りは許されないかもしれない。過去には体力の許す範囲で一つ一つ見学してきたが、今回は「街歩き」を楽しむだけになった。

　チェックインしたホテルの部屋でしばらく休憩したあと、いつものブレザースタイルに着替え、今度は表通りではなくいくつか違う道を歩きながら、ゆっくりとゼンパーオーパー歌劇場を目指した。

（この"ふらふら街歩き"が後で混乱を招く原因になる）

　ワーグナーの楽劇[26]『神々の黄昏』（指揮C・ティーレマン）。

『ニーベルングの指環』（序幕を含む４部作）の第４作目である。

　ドイツ英雄伝説や北欧神話などの物語を下敷きにしたワーグナー独自の世界。

　2010年には、ウィーン国立オペラ座で、その序幕に当たる『ラインの黄金』を鑑賞した。すでに序幕においてその壮大さに驚いた記憶がある。

───────────
[26]　「楽劇」210ページ

第1部　ベルリンからの旅

ドレスデン　ゼンパーオーパー歌劇場

　今回も、ストーリーを事前に頭に入れてはいたが、なかなか「神話の世界」にリアリティを感ずることができない。
　終盤にいたって、その重層的なストーリー、何代かの世代が輻輳する登場人物にかなり混乱したことや、重々しい世界が続いたため、私は、客席で固まったようになり、肘掛けに置いた両腕がこわばっていることに気づいた。

　終演の拍手とブラボーが続いても、なかなかその固まった状態から抜け出すことができず、しばらくじっと座ったままであった。
　ようやく立ち上がって人混みにもまれながら入り口の扉にたどり着いたが、扉近くにはまだ大勢の観客がたまっている。
　なんと、突然、激しい雨が降ってきたのだ。

夕刻４時に始まったこのオペラ（楽劇）。

２度の休憩時間も入れて５時間半（公演時間４時間半）。

すでに、夜の９時半になっている。

開演時にはまったく予想もしなかった激しい雨。

タクシー乗り場にはタクシーの姿もなく、トラムも動いていない様子。傘を用意していなかったのか、多くの観客はドア付近でどのようにして家（ホテル）に帰るか戸惑っているようだった。私も傘などの雨具は持ち合わせていなかった。

ややあって、私はドア付近の観客をかき分け、えいやっ！と暗がりの雨の中に飛び出して歩き始めた。

終演午後９時半、休憩時間もずっと深くシートに腰掛けていたので、ストーリーの重々しさに加え、この時間、街灯や店の灯りも少ないドレスデンの街は、さながら「深い闇」のように思えた。

まさに雨中、闇の中を手探りで歩いているような気分であった。

暗闇のため、昼間見た"目印となる看板や建物"などを見失うこともあり、何度か道に迷い、再び同じ場所に戻ったりしながら、１時間以上歩いていたように思う。

── 激しい雨に全身を打たれながら、耳奥では、遠くからカノン＊27のように、楽劇『神々の黄昏』のメロディに追いかけられているような錯覚にとらわれる。

何とかようやく宿に近づいた頃、容赦なく降り続く雨に、

＊27　「カノン」215ページ

服やバッグ、靴も、まさに全身ずぶ濡れ、そして深い闇が続き途方にくれる中──。

　──瞬時、出発前夜のあの「能『敦盛』」が甦り、ポンポン、ポンポンという乾いた響きの小鼓の連打、続いてピー、ピューという能管の甲高いヒシギ＊28が聞こえたように思った。

✧そして、ベルリン　ウンターデンリンデン通りへ

　ホテルでは、エアコンを入れたまま眠りについたが、翌朝、心配していた服や靴などはすっかり乾いていた。

　ベルリンへ、そしてアムステルダムへと帰る旅に意欲を取り戻すことができた。

　　ドレスデン中央駅8：55→(ICE178号)
　　　　　　　　　　→10：57ベルリン中央駅

　ベルリン中央駅からは、地下鉄でホテルに向かった。あえてアンハルター・バーンホーフ駅近くの同じホテルを予約していた。

　チェックインを済ませた後、私は、地下鉄に乗って、先ず、ウンターデンリンデン通りを歩こうと、ブランデンブルク門で降りた。いつもながら、ブランデンブルク門は威厳を保って元気にでんと構えていた。門の上の4頭立ての馬車も

─────────────
＊28　「ヒシギ」216ページ

ブランデンブルク門

存在感を示していた。

いつもと同じように、門を何度かくぐり抜けたり、門の真下に立って見上げてみたりして、同門を巡る幾多の歴史を想い起こした。

とりわけ、1961年、西ベルリンを包囲するように造られたいわゆる「ベルリンの壁」。その壁がドイツ分裂や東西冷戦の象徴であった時代。

そして、東欧の民主化の波を受け、その壁が壊される1989年の劇的な映像。実に私が生きてきた時代、いつもこのブランデンブルク門がニュース映像の中心にあったか……。

そんな感慨にふけりながら、私は広場の人垣を抜けるようにウンターデンリンデン通りを東に歩き始める。

第1部　ベルリンからの旅

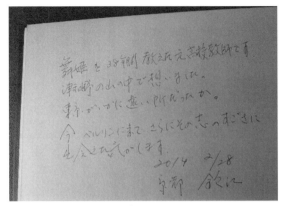

訪問者用ノート

　——「石炭をばはや積み果てつ。」で始まる小説『舞姫』。
「菩提樹下と訳するときは、幽静なる境なるべく思はるれど、この大道髪のごときウンテル・デン・リンデン……」という表記だった。Unter den Linden. 太田豊太郎とエリスの物語である。

　途中、一旦シュプレー川を横切ってその森鷗外記念館に立ち寄る。

　置いてある訪問者用のノートは流石に日本語がほとんどだったが、何気なくぺらぺらめくって拾い読みしてみると、「3年前、授業で『舞姫』を習いました！」といった記述が実に多かったので、最初の訪問時、私は、「38年間、『舞姫』を教えてきました」と記入したことを覚えている（写真「訪問者用ノート」参照）。

103

昔、鷗外の故郷である津和野の山中に彼の記念館を訪ねた時、記念館の庭に立って、東京とおぼしき方角に身体を向け、幾重にも連なった山脈をしばらく眺めることがあった。あの時代を精一杯想像する時間だった。

　彼は、あの幾重にも重なった山並みを越えて、どういう方法で、何日かかって東京まで行ったのだろうか？

　幼年期には、論語や孟子とともに典医（医者）の父からオランダ語を習い、10歳でその父に伴われて上京、ドイツ語にて医学の勉強を始めることになるが、その想像において、私には「東京」は、気の遠くなるような遠い存在に感じられた。森林太郎少年（鷗外）の心に育っていく志や浪漫性を強く感じるひとときだった。

　さて、ここはベルリンの森鷗外記念館である。

　ここまでやってきた鷗外、そしてほぼ同時代にイギリスに行った漱石、ロシアに行った二葉亭四迷など明治の文豪、あるいは「明治という時代」に想いを馳せながら、感慨深い時間を過ごすことができた。

　鷗外は、1884（明治17）年ドイツへ、やや遅れて漱石は、1900（明治33）年イギリスに、そして二葉亭四迷は1908（明治41）年ロシアのサンクトペテルブルクにそれぞれ赴いている。

　ヨーロッパの近代化の波は、文学の世界においても同様であった。

　ヨーロッパで起こったロマン主義や、続いて起きた自然主義は、明治に入って一気に日本に上陸し、中には両方の主義に基づいた作品を生み出す作家も登場している。いずれにし

第1部　ベルリンからの旅

ても、江戸時代の娯楽的読み物（戯作文学）から、登場人物にしっかりとした自我（いわゆる「近代的自我」）が窺えるなど、内的観照による文学作品が次々と登場し、まさに大きな変革期を迎えた。

　鷗外の『舞姫』や漱石の『こころ』は、芥川龍之介の『羅生門』とともに、高校時代に多くの若者が通っていく必読の教材にもなっている。

　政治や経済、その他の様々な分野同様に、長く国を鎖している間にヨーロッパなど諸外国が目を見張る発展を遂げていることを目の当たりにした人々に等しく流れていた維新の風、——「明治という時代」。

　私は、そういった150年前の日本や明治の人々を想起しながら、森鷗外記念館を後にした（2014年）。

　ベルリンを訪れた時は、私は必ず森鷗外記念館を訪れる。鷗外という人物や「明治という時代」の気概に触れることが

105

大きな目的ではあるが、森鷗外記念館はフンボルト大学が運営しておられるため、副館長や係の担当者と日本語で会話ができることも楽しみの一つである。

　今回（2017年）、残念ながら副館長は日本を訪問中でお目にかかることはできなかったが、担当のフンボルト大学院生（女性）に対応していただき、久しぶりの日本語で、少し浮き浮きして話していると、何と、その大学院生は、同じ我が郷土の出身であることがわかった。

「そうなんですか。今、ここでは菩提樹の落葉の季節で、歩くとざくざくと素敵な音を立てますが、貴女の故郷では、同じように銀杏並木が落葉の季節です。歩いているとさくさくと季節の音がしますよ」

「思い出します。うわぁ懐かしい」

「副館長さんによろしくお伝えください。また来ますね」

　……すっかり話し込んで、私は森鷗外記念館を後にした。

　再び、シュプレー川を渡って、ウンターデンリンデン通りに戻り、ゆっくりと東に向かって漫歩した。有名なカフェ・アインシュタインなどを覗き込みながら、フリードリヒ通りを横切り、フンボルト大学、通りを挟んで改築完成間近のベルリン国立歌劇場、ルスト公園、そして大聖堂……やがてテレビ塔が見えてきたが、今回は街歩きだけと決め込み、マリエン教会で引き返し、赤の市庁舎やニコライ教会などを懐かしみながら、出発点のブランデンブルク門を目指した。

　何度でも歩きたいウンターデンリンデン通り。歩くだけでわくわくする通りである。

　通り沿いにあるアンペルマンの店にも立ち寄り、家族から

第1部　ベルリンからの旅

アンペルマンの信号機

頼まれていた（現地の信号機にもなっている）Tシャツを何枚か購入した（2017年11月）。

✧アムステルダム　ミュージアム広場にて

翌日、ベルリンから空路アムステルダムに戻った。

テーゲル空港10：10→（KL1822便）
　　　　　　　　→11：35スキポール空港

そして、再び同じコンセルトヘボウ横のホテルにチェックインした。
　心配していたが、今回は、清潔で広い部屋（ツインルー

ム）だった。何かほっとする瞬間である。今回の旅の最後のホテル。

　身軽になって、道路を挟んで広がるミュージアム広場に目を遣る。

　そうだ、Rijksmuseum（アムステルダム国立美術館）、ファン・ゴッホ美術館、アムステルダム市立美術館などが軒を並べるまさにミュージアム広場に面したホテルに宿泊しているのだ。

　私は、その日の午後、ライクスミュージアム（Rijksmuseum）に足を運んだ。

　Rijksmuseumには、レンブラントの『夜警』、『青年期の自画像』や、フェルメールの『牛乳を注ぐ女』、『手紙を読む青衣の女』など、美術に疎い私でも知っている有名な作品の

運河越しのRijksmuseum

第1部　ベルリンからの旅

数々があり、ゆっくりと鑑賞しているうちに時間が過ぎていった。

また、次の日の午前中はファン・ゴッホ美術館を訪問し、有名ないくつもの『自画像』をはじめ、『ひまわり』などの作品を鑑賞した。

予想したことではあるが、今回の「駆け足の旅」への自戒の念を含めて、再度これらのミュージアムと街（アムステルダム）をゆっくり訪ねる旅がしたいと感じている。

しかも美術館でかなりの時間を費やしたこともあり、実はあまり運河と風車の街を体感できなかった。

Rijksmuseum の南側の入り口には運河が横切っており、この運河越しの Rijksmuseum の眺めはまさにアムステルダムかもしれない。ほんの少しの時間、アムステルダムの空気を吸った気分になった。

２～３日は滞在したい街である。

午後の飛行機で日本に帰らなければならない。

第2部

ウィーンへ帰る旅

ウィーン中心部

第２部　ウィーンへ帰る旅

1 ウィーンへ
（小澤征爾ウィーンオペラ座ラストステージ）

　若い日に一度ウィーンに立ち寄ってその風に吹かれたことはあったが、音楽の旅として訪れたのは2009年３月が最初だった。この年から６度訪れている。

　まさに数日間、音楽を聴くためにウィーンに滞在した。

　昼間は、いわゆる旧市街を取り囲むリンク（環状道路）周辺を中心に、シュテファン大聖堂や王宮、美術史美術館、自然史博物館、少し離れたシェーンブルン宮殿などを訪れた。

　また、国立オペラ座の東側の目抜き通りケルントナー通りでは、ショップをふらっと覗きながら街歩きもした。時々、ストリートミュージシャンの演奏に足を留めたりしながら日中のんびりと過ごした。

　余裕のある年は、ガイドブックに紹介されているレストランでヴィナー・シュニッツェルや、スイーツ専門店でザッハトルテなどを食べたりした。

　そして、夜になるとオペラ座でオペラを鑑賞した（別表６）。

　この年の第２夜は、奇しくも指揮者小澤征爾のオペラ座最後の日であった。

　―― 因みに、小澤のオペラ座のラストステージのチケッ

113

ウィーンオペラ座

トは日本では既に売り切れだったが、現地の scalper（ダフ屋）[*1]から辛くも下手側3階席を手に入れることができた。

舞台近くのブースの前から3列目、首を伸ばして小澤の頭がやっと見える座席だった。ずっと背筋を伸ばして見続けたが、手前側の舞台には見えない部分があり、オケピット[*2]のオーケストラも3分の1ぐらいしか見えなかった。指揮の動きによって小澤の頭が時々消えてしまうしんどい座席だった。

——『エフゲニー・オネーギン』。舞台は、1820年代、ロシアの片田舎とサンクトペテルブルク。

「ロシアの片田舎の地主の姉妹をめぐる恋物語。この二人の

[*1] 「scalper」23ページ
[*2] 「オケピット」209ページ

第2部　ウィーンへ帰る旅

姉妹との恋に絡む二人の男性はついに決闘することになり、オネーギンの決闘相手は死ぬことになる。決闘に至る様々な葛藤や恋をめぐる人間模様がオペラとして描かれている」

　── 飛び交う「ブラボー！」と賞賛の拍手の中、客席中央の通路を早足に歩いていった着物姿の奥さん（入江美樹＝小澤ヴェラ）が花束を渡した。カーテンコールでステージに上がった小澤は、オケピットに向かって何度も両手を広げた。小澤のウィーンオペラ座、素敵なラストステージだった。

　2009年3月16日のことである。

別表6　2009年〔ウィーン〕

3月15日(日)	オペラ『ファルスタッフ』	ヴェルディ	ウィーン国立歌劇場
3月16日(月)	オペラ『エフゲニー・オネーギン』	チャイコフスキー	小澤征爾指揮 ウィーン国立歌劇場

　また、翌2010年3月は、成田から直行便でウィーンを訪れ、欲張って次の4つのプログラムを鑑賞している（別表7）。

　国立オペラ座では、ワーグナー『さまよえるオランダ人』、そして、フォルクスオーパー歌劇場でヴェルディ『椿姫』。

　──『さまよえるオランダ人』。舞台は18世紀ノルウェー沖。

「嵐に遭い、死ぬこともできず、『呪い』をかけられてし

115

フォルクスオーパー歌劇場

まった『さまよえる船長』と永遠の愛を誓うことになる女性、そして、この女性との愛を信じていた恋人の存在。その恋人の存在を知って、再び、嵐の中に船を漕ぎ出した『さまよえる船長』と、後を追うように海に飛び込んだ女性は、まさに『呪い』が解けて死んでしまう」

　というストーリー。
「呪い」の存在になかなか馴染めず、私は、物語の中にすっとは入っていけなかった。しかし、数あるオペラの中ではまだ理解しやすい方なのかもしれない。何度か聴いたことのある耳慣れたメロディを辿っているうちにオペラは終演を迎えた。

　そして、次の日は、場所を変えてフォルクスオーパー歌劇場にて『椿姫』。

第2部　ウィーンへ帰る旅

　——『椿姫』。舞台は、19世紀半ばのパリ社交界。
「高級娼婦に恋をした青年。青年の純粋な愛に打たれた高級娼婦は結婚を決意する。そして、パリ郊外で幸せな結婚生活を送っていたところに、青年の父が訪れ、青年の妹の縁談に差し支えるということで彼女に離縁を求める。
　悲しみの中で、彼女は家を出て、社交界に戻る。そして、かつてのパトロンである男爵に手を引かれて現れる。青年は、社交界の人々の前で、彼女を侮辱して悲しませる。
　その数カ月後、難病に冒されベッドに横たわる高級娼婦の彼女。そして、父から彼女に離縁を迫った話を聞いた青年は、彼女の元を訪れ、彼女に許しを請い、一緒に暮らすことを誓うが、時既に遅く、彼女は幸せだった日々を想いながら息を引き取る」
　というストーリー。
　私は、初め、「高級娼婦」という設定が馴染めなかった。途中で、頭の中で「パトロンのお相手をする女性」といった程度の修正を行って、オペラの進行を見守った。逆に、「純粋な愛を、こういった設定でしか描けないものか？」といった疑問符がずっと頭の中にあったが、音楽の素晴らしさもあり、この『椿姫』を好みのアイテムに加えることになる。
　そして、フォルクスオーパー歌劇場という音楽ホールやその観客の醸し出す雰囲気も気に入ることになる要因だったように記憶している。
　さて、極めつけは、最終日。
　昼にウィーン楽友協会ホール（ムジークフェライン）でウィーンフィルを鑑賞し、夜、オペラ座でワーグナーの楽劇

117

『ラインの黄金』という強行軍。まさに貪欲にオペラを鑑賞し、音楽を聴いた。

　ウィーン国立オペラ座のメンバーが（自主運営団体として）ウィーンフィルを組織している。大きなオーケストラ組織のため、メンバーは昼夜100％同一ではないにしても、同じメンバーもおられる。したがって、昼夜鑑賞する私よりも、それぞれのリハーサルを含めると、昼夜演奏するオーケストラの方が遥かにタフな一日だなと思っていた。

　ただ、この年のウィーンフィルのプログラムは、私には少しわかりにくい音楽で構成されていた。

　指揮者のブーレーズ自身の曲も含め、やや難解な3曲であった。

　シマノフスキ『交響曲第3番「夜の歌」』、ドビュッシー舞踏詩『遊戯』、そして、ブーレーズは『ノーテーションから』。

　ただ、ブーレーズの野心的な取り組みに驚くばかりであったこと、そして、私の音楽鑑賞や音楽観の範囲が極めて狭いことなどを痛感するコンサートであった。

　ブーレーズは、フランスの作曲家・指揮者であり、現代音楽の擁護者でもあった。この6年後の2016年、残念ながらバーデン・バーデンの自宅で亡くなっている。バーデン・バーデンは最初に指揮をした南西ドイツ放送交響楽団の所在地である。享年90歳であった。

　夜は、ウィーンオペラ座で、ワーグナーの「楽劇『ラインの黄金』（『ニーベルングの指環』より）」を鑑賞。

第2部　ウィーンへ帰る旅

ウィーン楽友協会

ウィーン楽友協会ホール
（グローサー・ムジークフェラインスザール）

ワーグナーの『ニーベルングの指環』は、4つの作品からなるいわば大河オペラ。その「序夜」となるのがこの『ラインの黄金』。
　(その後、第1夜『ワルキューレ』、第2夜『ジークフリート』、第3夜『神々の黄昏』と続く。したがって、上演には4日間、合計15時間かかる。98ページで触れているが、2017年11月、ドレスデンのゼンパーオーパー歌劇場で『神々の黄昏』を鑑賞している。原作は、ドイツの叙事詩『ニーベルンゲンの歌』、アイスランドの歌謡集『エッダ』等の伝説を元にワーグナー自身が創作)
　──『ラインの黄金』。舞台は神話の時代、ライン川流域。「川底に眠る『ラインの黄金』を守るラインの乙女たち。神々、そして、小人族、巨人族など多くの登場人物が次々と舞台に現れる。呪われた指環を所有した者は、ニーベルハイム(死の国)に赴かねばならない。この4夜にわたる大河オ

ウィーンオペラ座

ペラ全体のテーマ設定を繰り広げるその序夜が、『ラインの黄金』である」

　およそ２時間30分、確か休憩なしで上演された。

　例によって、登場人物が錯綜し、頭の中はかなり混乱したが、音楽の素晴らしさによって深い満足感の中で終演を迎えた。

別表7　2010年〔ウィーン〕

3月17日㈬	オペラ『さまよえるオランダ人』	ワーグナー	ウィーン国立歌劇場（オペラ座）
3月18日㈭	オペラ『椿姫』(*La traviata*)	ヴェルディ	フォルクスオーパー歌劇場
3月20日㈯（昼）	『交響曲第3番「夜の歌」』舞踏詩『遊戯』『ノーテーションから』	シマノフスキドビュッシーブーレーズ	ブーレーズ指揮ウィーン・フィルハーモニー管弦楽団（ウィーン楽友協会ホール）
3月20日㈯（夜）	楽劇『ラインの黄金』（『ニーベルングの指環』より）	ワーグナー	ウィーン国立歌劇場（オペラ座）

そして、2011年の３月を迎えることになる。

　この年の「音楽の旅」は、３月中旬の予定だったが、既に
コンサートのチケットは手配を完了し、航空券やホテルも予
約を完了していた。

　その３月11日に大震災が東日本を襲った。

　私は、出発までの日々、「音楽の旅」に出かけるべきか否
かについて毎日迷って過ごしていたことを思い出す。

　結局、出発日の直前、すべてをキャンセルすることにし
た。

　コンサートチケットはもちろん不要になり、直前だったこ
ともあり、ホテルや航空券については、かなり高額のキャン
セル料を支払った。

　しかし、連日報じられる惨状を知って、私には、音楽や旅
を楽しむことはできなかった。

　したがって、私の2011年の音楽鑑賞記録は空欄になって
いる。

　（―― 因みに、この年、秋に全国規模の文化イベントを企画
する仕事に携わっていた私は、夏に福島県や宮城県を訪ね、
その惨状を目の当たりにした。海辺に足を運ぶと、津波に
さらわれ建物の礎石だけが残っている街、建物は残っている
が、原発の影響で誰も住んでいない街……。

　まさに声も出ない惨状を目の当たりにして、その場にしば
らく立ちすくむだけであった。

　しかし、その後、私は復興支援の強い思いに突き動かさ
れ、被災地をはじめ全国の優秀な文化活動をしている高校に

思い切って声をかけることにした。

　そして、次の年に創始した文化イベントにおいては、「復興支援」「高校生」が、むしろ大きなキーワードに育っていった。呼応して私の地元の多くの高校生も運営側で力を発揮してくれたが、若い力あふれる全国規模のイベントに育っていった。地元の高校生を「おもてなし隊」と呼称したが、高校生たちは、心から「復興支援」の思いを携えて運営に当たってくれた）

　旅行会社の担当者の方に「ウィーンへ帰る旅」と命名していただいた私の音楽の旅は、実際には2012年から始まる（この旅行会社には、飛行機とホテルの手配をお願いしてきている）。

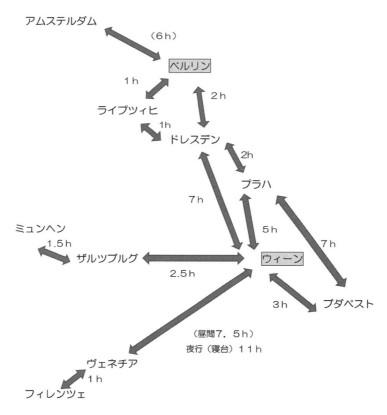

《私の「音楽街歩き」》ヨーロッパ各都市間『列車時間』のイメージ

この図はあくまでイメージであり、より正確な位置関係は巻頭の地図を参照。

第2部　ウィーンへ帰る旅

2 ヴルタヴァ（モルダウ）に魅せられて
（プラハからウィーンへ）

　2012年は、3月13日、関空からいわゆる中東経由でプラハに飛んだ。

　　関空23：30→（EK317便）→5：45ドバイ空港
　　ドバイ空港10：20→（EK139便）→13：50プラハ空港

　関空からの深夜便が何便か中東経由でヨーロッパに飛んでいる。

　長く中東で紛争が続いているため、その時も利用するかどうか迷ったが、深夜便のメリットは、出発の日に仕事等があっても、ゆっくりと空港に向かうことができることだ。

　そして、機中で睡眠すれば、早朝が現地中東というのが魅力だが、私のように飛行機の中で睡眠できないタイプには、昼間の飛行機同様厳しいかもしれない。しかも、この時は、ドバイで5時間のトランジット。ドバイの街に出るわけでもなく、ロビーで過ごすのも辛い時間である。

　飛行機で睡眠できる人には、眠っている間に中東に着くので、トランジットの時間も苦にならないかもしれない。

　プラハには翌14日午後2時頃に到着した。

　ホテルにチェックインしたあと、近辺を漫歩して、先ずプラハの街の匂いを嗅いだ。なぜかとても温かい人々の眼差し

125

ヴルタヴァ（モルダウ）川
（右手がカレル橋　遠くプラハ城）

を感じることができた。それだけで、いい街だと思った。街歩きを愛する者の嗅覚である。

　次の日は、旧市街を歩き、賑わうカレル通りからカレル橋へ向かった。重厚なゴシック様式の橋には左右合わせて30体の聖人像が据えられている。

　しかし、カレル橋はかなり混み合っていて、各聖人像に近寄るのも困難な状態だった。橋からゆっくりとヴルタヴァ（モルダウ）川を眺めたいと思っていたが、橋の上では大道芸人のパフォーマンスもあって、川を眺めるどころか、通り抜けるのも困難で、時間もかかった。
　カレル橋を渡って、小高い丘の上のプラハ城に向かった。
　プラハ城に登って、ようやくヴルタヴァ（モルダウ）川とプラハ市街、まさに絶景を一望することできた。

第2部　ウィーンへ帰る旅

　城内には、聖ヴィート大聖堂や旧王宮、聖イジー教会など見どころも多く、ゆっくりと回りたい観光スポットである。

　帰り道、黄金小路を通りかかったが、間口の狭い童話のような小さな家が連なる中の1軒、作家フランツ・カフカの仕事場に入ってみた。

　── 若い日に衝撃を受けたカフカの作品、こういう場所で彼は『変身』を書いたのか！　としばし佇んで感慨に耽った。

　カフカは、プラハ出身のユダヤ人（街）の家庭に生まれている。市内には彼の記念館もあるが、訪れることはできなかった。『変身』『審判』『城』などを著し、プルーストやジョイスとともに、20世紀を代表する実存主義的な作家である。

　また、次の日は、スメタナ・ミュージアムを訪れた。

　ヴルタヴァ（モルダウ）川の川沿いに建っているルネサンス様式の堂々とした建物で、カレル橋がすぐそこに見える。逆に、カレル橋からの美しいアングルの中にこのスメタナ・ミュージアムが入って、素晴らしい建物であることがわかったりした。

　プラハに滞在する間、様々なシーンで、何度もこのスメタナの交響詩『我が祖国』の『ヴルタヴァ（モルダウ）』（以下『モルダウ』）が流れてきて、チェコの人々がいかにスメタナと『モルダウ』という曲を愛しているかが伝わってきた。

　滞在中、遠くからあるいはすぐ側で、何度も聞こえてくる『モルダウ』を、私は、「心地よいプラハの風」のように感じることができた。

　川の流れを彷彿させる序奏に続き、心が浮き立つような素

127

敵なメロディである。

　チェコ語でヴルタヴァ（Vltava）川、ドイツ語でモルダウ（Moldau）川。
　チェコを流れる最長の川である。ボヘミア盆地の水を集めてプラハを南から北に流れ、やがて北ドイツ平原でエルベ川に合流する。
　52及び96ページで記述しているとおり、このエルベ川は、ドレスデンのゼンパーオーパー歌劇場近く「ブリュールのテラス」の眼下を流れていく。マグデブルク、ハンブルクなどの都市を潤し、北海に注ぎ込む。
　「川の源流」にはいつも興味をそそられる。
　森の中、樹木の間に水は湧き、最初の小さな流れをなす。
　モルダウも、ドナウもラインも……。

　ドナウ川は、ドイツ南部バーデン＝ヴュルテンベルク州の森林地帯「黒い森（シュヴァルツヴァルト）」が源で、東欧各国を含む10カ国を通って黒海に注ぐ。
　また、ライン川は、スイスアルプスのトーマ湖が源で、ボーデン湖に入ってドイツ・フランスの国境を北にストラスブールを越え、ボン、ケルン、デュッセルドルフ、デュースブルクを経てオランダ国内へ、ロッテルダム付近で北海に注ぐ。

第2部　ウィーンへ帰る旅

　昔、混声合唱組曲『筑後川』（丸山豊作詞、團伊玖磨作曲）
に魅せられて、その源流を訪ねたことがある。
　熊本県阿蘇郡南小国町、阿蘇山の外輪山、瀬の本高原に向
かったが、当然、真の「川の源流」などに辿り着けるはずも
なく、この辺り……この奥の方……といった想像でしかな
かった。
　第1曲「みなかみ」の「♫いまうまれたばかりの川」を感
じ取ろうとした。「♫森のくらさをおそれずに　滝の高さを
おそれずに」という歌詞は、まさに源流付近の川への、擬人
化した歌詞（ことば）。「♫さあ未知のくにぐにへの旅行がは
じまる」と続く。
　第2曲「ダムにて」では、「♫もっと深さをもつように。
もっと重さをもつように。もっと冷静であるように。」と語
りかけ、第3曲「銀の魚」で、川は一層深くなり、「♫深い
川の深い心を　いきのよい魚をとらえるのだ　朝日にはねよ
銀の魚」、そして第4曲「川の祭」を経て、終曲（第5曲）
「河口」へつながる。

　私は電車やバスを乗り継いで移動し、中流域は大分県のど
こかの駅だったように記憶している。一つの橋の上に立ち、
しばらく遥か上流を眺めた後、今度は下流にも視線を放り投
げてみた。無謀な試みだが、川全体を感じ取ろうとした。
　貫流する筑紫平野。
　第2曲「ダムにて」の歌詞に戻れば「♫大きな川は　かが
やく活路をさがしだす。自然に育てられた愛が　筑後平野の
百万の生活のなかへ」。

129

そして、最後に「♬終曲_{フィナーレ}を、こんなにはっきり予想して、川は、大きくなる。」続いて「♬川はうたう　さよなら」「♬筑後平野の百万の生活の幸を祈りながら川は下る」「♬有明の海へ」「♬筑後川筑後川その終曲_{フィナーレ}あゝ」という歌詞を実感したいと思った。

　合唱組曲『筑後川』を十分に感じ取れる旅とは言えなかったが、それでも「有明海」が見えた時には、「川自身の長い旅路」を想い遣るひとときとなった。川にはロマンがあり、遥かその源流を想い遣る時間は瑞々しい。

　本州中部地方に目を遣ると、新潟の海に流れ込む信濃川にも遥かで瑞々しい気分が宿る。

　河川の途中でのいくつもの合流を省いて言えば……、東は、山梨県（甲州）・埼玉県（武州）・長野県（信州）の境に聳える甲武信ヶ岳に流れを発した千曲川。

　西は、槍ヶ岳を源とし上高地などを流れてきた梓川が松本盆地で犀川となる。そして、千曲川と犀川は長野市で合流する。

　新潟県に入ると、この川は信濃川と名前を変え、日本海に注ぎ込む。

　かなり下流の方ではあったが、私が千曲川のほとりに立ったのは、二つの理由からであった。

　一つは、あの有名な島崎藤村の『千曲川旅情の歌』[3]を訪

───────────────

[3]　『千曲川旅情の歌』島崎藤村
　　小諸なる古城のほとり／雲白く遊子悲しむ／緑なす繁蔞は萌えず／
　　若草も藉くによしなし／しろがねの衾の岡辺／日に溶けて淡雪流る／

130

第2部　ウィーンへ帰る旅

ねること。

そして、やはり「源流を想う時間」を持ちたいと思ったからである。

『筑後川』同様、5曲からなる合唱組曲『千曲川の水上を恋ふる歌』（藪田義雄作詞　小山章三作曲）がある。第1曲「水上」。

「♫その水を手に掬び　その水に指を浸して　われは知る水のこころを　♫天霧らふ甲武信ヶ岳の　苔伝ふ水の滴り　集まりて流れとなるを　♫水上はかくも遙けし　水上はおぼおぼしくて　ひとすぢにわが戀ひわたる　我が生のみなもとなれば」（『藪田義雄詩集「水上を恋ふる歌」』〈世界文庫〉より。「♫」は筆者）は、まさに川のロマンを、そして源流のロマンを歌い得ている秀歌と言える。

ヴルタヴァ（Vltava）川、ドイツ語でモルダウ（Moldau）川の源流。

そして、ドナウもラインも、「きっと深い森の中に最初の水滴を集め、やがてそれらの水滴によって『流れ』ができる」という想像は私の旅の心をくすぐる。

あたゝかき光はあれど/野に満つる香も知らず/浅くのみ春は霞みて/麦の色はづかに青し/旅人の群はいくつか/畠中の道を急ぎぬ/暮れ行けば浅間も見えず/歌哀し佐久の草笛/千曲川いざよふ波の/岸近き宿にのぼりつ/濁り酒濁れる飲みて/草枕しばし慰む

（『藤村詩集』〈新潮文庫〉より）

131

因みに、プラハ（チェコ）出身の著名な音楽家には、この「スメタナ」Bedřich Smetana（1824 − 1884）や、「ドヴォルザーク」Antonín Leopold Dvořák（1841 − 1904）、「ヤナーチェク」Leoš Janáček（1854 − 1928）、「マーラー」Gustav Mahler（1860 − 1911）などがいる。

　ドヴォルザークの和名表記には、ドボルジャークやドボルザークがある。私の中学校時代、音楽室の壁に掲げられた音楽家の顔写真にはドボルザークと記されていたように覚えている。

　この４人の中で、世界的にはドヴォルザークやマーラーが有名だが、プラハでは、圧倒的にスメタナが愛されているように感じた。

　スメタナの記念館は豊かな資料展示を誇っているが、ドヴォルザークは活動のステージが「新世界」＝アメリカをはじめワールドワイドだったこともあるのか、訪れたドヴォルザークの記念館はやや質素なものに感じられた。建国（独立）の歴史的な背景もあり、スメタナは「チェコ音楽の祖」とみなされている。

　街歩きをしていて、

Budweiser

第2部　ウィーンへ帰る旅

ウィーンやベルリンは、確かに「音楽の都」と呼ぶに相応しいが、プラハもまた立派な「音楽の都」の一つだと感じた。私流に言えば「音楽の風」が吹いていると感じた。

この年は、2夜、プラハ国立歌劇場でオペラを鑑賞した（別表8）。

街歩きの中で、空いている午後の時間帯を選んで、レストランにも入り、念願のブドヴァイゼル（Budweiser 英語名「バドワイザー」）を味わった。食べたものは詳しくは思い出せないが、ビールの味は忘れられない。

別表8　2012年（プラハ・ウィーン）

3月15日㈭	オペラ『椿姫』(La traviata)	ヴェルディ	プラハ国立歌劇場
3月16日㈮	オペラ『アイーダ』	ヴェルディ	プラハ国立歌劇場

プラハ国立歌劇場。チケットは現地で求めることにしていた。

初日、窓口で、間違って「今日は『アイーダ』でしたね？」と聞いたら、「『La traviata』だ」という答えが返ってきた。

実は、恥ずかしい話だが、「traviata」という言葉の発音は、耳からはこの時が初めてであり、一瞬『椿姫』[*4]だとわから

[*4]　117ページ参照

133

プラハ国立歌劇場

なかった。窓口の女性からは、「『La traviata』も、とても面白いオペラだからぜひ！」と勧められた。

　私は、いったん２、３歩窓口から退いて、「traviata」と自分で発音してみて、「あっ、『椿姫』だ」と気づいた次第である。

　チケットブースの女性ならずとも、とても興味深いオペラであった。

　また、2015年は、旅の途中にプラハを再訪しているが、この年は、スメタナホールで、プラハ交響楽団の演奏を聴いている。

　プログラムはベートーヴェン２曲。
『ピアノ協奏曲第５番』と『交響曲第７番』。指揮は、ペテ

ル・アルトリヒテル（P・アルトリヒテル）、ピアノはユー
ゴスラビア出身のユージン・インジック（E・インジック）
であった（別表9）。

　2曲とも気に入った曲目であったこともあり、素敵なコン
サート、そして、素敵なプラハ再訪であった。

別表9　2015年〔ベルリン・プラハ・ブダペスト〕

3月11日㈬	『ピアノ協奏曲第5番』 『交響曲第7番』	ベートーヴェン	ペテル・アルトリヒテル指揮 ピアノ：ユージン・インジック プラハ交響楽団 （プラハ市民会館：スメタナホール）

　さて、話は2012年に戻るが、ヴェルディのオペラを2夜
鑑賞した翌3月17日、プラハから鉄路ウィーンに向かった。

プラハ本駅（Hlavni駅）10：42→（EC77号）
→15：22ウィーン・マイドリング駅（Meidling駅）

　お昼前に乗った列車は、約5時間でウィーンに到着した。
　ホテルにチェックインし、しばらく休憩したあと、早めに
フォルクスオーパー歌劇場に向かった。
　フォルクスオーパー歌劇場は、国立オペラ座に次いで
ウィーンでは2番目に大きな歌劇場。「Volks oper」＝「大衆の
オペラ座」といった意味合いである。リンクからは北西に少
し離れたアルザーグルント地区にある。メトロU6線に乗っ

て Währinger Straße-Volksoper 駅に降り立ったが、少し下町っぽい雰囲気が漂う街である。

　近くのレストランで軽い夕食をとって早めにホールに入場した。

　この日は、ヨハン・シュトラウスのオペレッタ*5『こうもり（*Die Fledermaus*）』。
『こうもり』は今まで序曲しか聴いたことがなかったので、序曲が終わったところで何かすっかり完結したような気持ちになってしまった。

　これから始まるのである。本編が始まると、『こうもり』のストーリーの内容にも理由はあったが、随所で観客がどっと笑うのに先ず驚いてしまった。

　──『こうもり』。舞台は、1874年の大晦日。オーストリアの温泉地。
「仮装舞踏会の帰り途、主人公の男性は、友人（博士）を『こうもり姿』のまま置き去りにする。以来、この友人は『こうもり博士』と呼ばれるようになる。

　このことが侮辱罪に当たるとして主人公の男は短期間刑務所に入ることになるが、刑務所に入る前に楽しいパーティに行こうと博士に誘われた主人公。その留守宅に元恋人がやってきて、家に残された妻の本当の夫のように振る舞っている。そこに刑務所からの迎えが来て、今更夫ではないと言えない元恋人は連行される。

　その晩のパーティは仮装舞踏会。美しい貴婦人を見つけた

───────────────

*5　「オペレッタ」210ページ

第2部　ウィーンへ帰る旅

主人公の男性は、この貴婦人を口説く。口説かれたふりをした
この貴婦人は実は自分の妻で、主人公から懐中時計を奪
う。

　元日の早朝、刑務所に出頭した（弁護士に扮した）主人公
は、すでに自分の代わりに刑務所に入っている男の存在を知
る。そこへ主人公の妻が現れ、弁護士に扮した主人公に、先
に刑務所に入っている男を牢から出してほしいと頼む。主人
公は正体を明かして妻を責め立てる。

　すると、妻は、昨夜の仮装舞踏会で奪った懐中時計を見せ
る。

　頭を抱える主人公。

　そこに博士がやってきて、すべては自分が仕組んだ芝居
だったと種明かしをする」

　──というストーリー。

　今や大晦日や元日の定番プログラム『こうもり』。

　公演中、何度もくすくすと笑ったり、どっと大笑いに包ま
れたりするので、今まで悲劇が多いオペラばかりを鑑賞して
きたこともあって、ちょっとしたカルチャーショックであっ
た。観客は、素朴に泣いたり笑ったりするためにホールに足
を運んでいるようにさえ思えた。

　日常のカタルシスを迎えるための『こうもり』。フォルク
スオーパー。

　そして、このオペラハウスの大衆性が好きになっていく時
間の推移でもあった。

　さて、プラハから始まった、今回の「音楽の旅」。

137

『椿姫』、『アイーダ』に加えて『こうもり』で、すでに頭の中はいくつかのシーンやメロディが錯綜しつつあった。

『こうもり』が救いとなったかもしれない。『こうもり』の軽さ、明るさ、そして笑いが大きな句読点になったような気がする。

最終日は、国立オペラ座で、ワーグナーの『タンホイザー』である。

――『タンホイザー』。舞台は、13世紀初頭。ドイツの森に囲まれたチューリンゲン。

「騎士であり、吟遊詩人であるタンホイザー。禁断の地ヴェーヌスベルクで愛の女神ヴェーヌス（ヴィーナス）と官能のひとときを過ごしていた。

だがそんな生活にも飽きてしまった彼は、ヴェーヌスの誘惑を振り切って禁断の地をあとにする。

帰ってきたタンホイザーは、仲間からどこに行っていたかを尋ねられるが答えられず、再び旅立とうとする。しかし、旧友から、君の恋人エリーザベトが待っている、と教えられ踏み止まることになる。

実は、この旧友もタンホイザーの恋人エリーザベトを愛していたが、旧友は彼女のところにタンホイザーを案内し、再会を喜ぶ二人を見守る。

ヴァルトブルク城の大広間では歌合戦が行われ、領主ヘルマンは歌合戦の課題を『愛の本質』と告げる。旧友は『精神的な愛』こそが本質と歌うが、タンホイザーは『快楽』にあると歌い、官能の女神ヴェーヌスを讃える。

この歌により、禁断の地ヴェーヌスベルクにいたことを

知った人々は、口々に彼を国から追放するよう罵倒する。

　恋人エリーザベトが割って入り、一番傷ついているのは自分だと言ってタンホイザーをかばう。

　そこで、領主ヘルマンは、タンホイザーに『罪を償い、許しを請うため』ローマ教皇のもとへ行くよう命ずる。

　時は経ち、ローマから帰る巡礼者の中に、待っているタンホイザーを見つけることができないエリーザベトは、タンホイザーの旧友の制止を振り切って天国へ続く道へと旅立つ。

　彼女が去ったあと、旧友のところにはタンホイザーが帰ってきて、ローマでは許しを得ることができなかったと嘆く。

　自暴自棄になったタンホイザーは、制止する旧友を振り切って、禁断の地に行こうとするが、そこにエリーザベトの棺が運ばれてくる。

　彼女の死に絶望したタンホイザーはそこで息絶えるが、魂は救済される。

　エリーザベトの死が、タンホイザーの魂を救ったのだった」

　── 描かれる「愛」、「死」、「救済」という深いテーマ。ワーグナー作品の中でもわかりやすく、描こうとしている内容がよく伝わってきた。また、音楽も今までに何度か聴いたことがある序曲のモティーフが、オペラの中でしばしば出てきて、音楽としても辿りやすく、全編を楽しむことができた。

　むしろ、エリーザベトを共に愛した旧友の「精神的な愛」が印象に残った。

別表10　2012年〔プラハ・ウィーン〕

3月15日㈭	オペラ『椿姫』 (*La traviata*)	ヴェルディ	プラハ国立歌劇場
3月16日㈮	オペラ 『アイーダ』	ヴェルディ	プラハ国立歌劇場
3月17日㈯	オペレッタ 『こうもり』 (*Die Fledermaus*)	ヨハン・シュ トラウス	フォルクスオーパー 歌劇場
3月18日㈰	オペラ 『タンホイザー』	ワーグナー	ウィーン国立歌劇場

第2部　ウィーンへ帰る旅

3 ヴェネチアからは夜行列車でウィーンへ

（フィレンツェ・ヴェネチアからウィーンへ）

　2013年は、イタリア中部フィレンツェからヴェネチアを経て、ウィーンに帰る旅。

　　関空11：20→（KL868便）→15：25スキポール空港
　　　　　　スキポール空港20：40→（KL3415便）
　　　　　　→22：35フィレンツェ空港（予定）

　77ページでも触れているが、スキポール空港（オランダ）で5時間のトランジットでフィレンツェに向かう予定だったが、搭乗口の表示には、「フィレンツェ空港が濃霧のため、同空港からの飛行機が離陸できないでいる」という情報が入った。結局、3時間の遅れで飛行機は到着することになったが、都合8時間待ち。急遽搭乗口も変更になった。
　飛行機の中で睡眠ができていないために、ロビーの8時間待ちでさらに疲労が積もっている。ショップを覗いてみたり、ロビーのソファなどで目を閉じたりして過ごしたが、時間が来たので、指定の搭乗口に行ってみると、なんと、乗客は誰もいない。
　係員に尋ねてみると、「航空会社と搭乗口（ゲート）の変更」ということ。近くのボードには確かにその表示があっ

141

た。

　いつも確認のためだけに見ている「フライト情報のディスプレイ」。

　航空機の遅れや変更を他人事のように見ていたが、自分の乗る航空機にこんな大きな変更が訪れようとは。

　急な変更というのはあるのだ、と思って、疲れた足取りで変更ゲートに向かった。

　さらに、離陸してどれくらいの時間が経過しただろうか、「フィレンツェ空港は、現在濃霧のため着陸できず、同機はローマに着陸いたします」という機内アナウンスがあったということだが、機内放送が籠もって聞き取れず、加えて自身の頭が朦朧としていたため、着陸した空港はフィレンツェだと思い込んでいた。

　ローマには数時間だけ滞在して、翌朝の便でフィレンツェに到着したのだが、フィレンツェ滞在は2日間の予定を1日に絞らざるを得なくなった。

　フィレンツェは、イタリア中部トスカーナ州の州都。まさに15世紀ルネサンスの文化の中心地である。

　さあ、飛行機遅延によって失った時間を回復しなければならない！

　直径55メートルの世界最大級石造ドーム、サンタ・マリア・デル・フィオーレ大聖堂（ドゥオモ）、ルネサンスのフレスコ画を見ることができるドメニコ修道会のサンタ・マリア・ノヴェッラ教会、そして、古い橋という意味のヴェッキオ橋と橋周辺の金細工のお店などを観光して、ウフィツィ美術館も駆け足になった。

第2部　ウィーンへ帰る旅

　メディチ家歴代の美術品を集めているウフィツィ美術館は、レオナルド・ダ・ヴィンチ、サンドロ・ボティチェッリ、ラファエロ・サンティ、フィリッポ・リッピなどルネサンスを代表する芸術家の作品を鑑賞することができるイタリア最大の美術館である。

　しかし、時間不足は否めず、絵画の前で足を留める時間の短さを託(かこ)つ午後となった。ボティチェッリの『ヴィーナスの誕生』や『春』、リッピの『聖母子と二天使』『聖母戴冠』、ダ・ヴィンチの『受胎告知』などの有名な作品には二重にも三重にも人垣ができていたが、それでも押し合いへし合いようやく見ることができた。

　そして、廊下や部屋の天井には、木枠に囲まれてぎっしり

イタリアの主な都市

と絵が描かれていて、有名な絵画だけではなく、この「天井画」にも魅了されるひとときであった。

　さて、フィレンツェも路地の街。
　車に気をつけながら曲線の多い狭い路地を窮屈に歩いた記憶と、対照的に美術館の中のゆったりとした時間、そして、鑑賞したそれぞれの絵画の広がりが、私の記憶の中で混じり合い、微妙なコントラストを成していて、フィレンツェという街の不思議なイメージとなっている。
　アムステルダムのミュージアム広場のアムステルダム国立美術館やファン・ゴッホ美術館でも同じようなことを記したように思うが、せめて一日かけてゆっくりと鑑賞したい美術館である。
　その後、観光案内所で、今夜何か音楽コンサートをやっていないか尋ねてみたが、残念ながら、面白そうなものはやっていなかった。

　次の日からは、ようやく当初の予定に戻り、フィレンツェからヴェネチアに移動した。

　　フィレンツェ・サンタ・マリア・ノヴェッラ駅
　　　11：30→（Frecciarossa 9414号）
　　　　　　　→13：35ヴェネチア・サンタルチア駅

　フィレンツェ・サンタ・マリア・ノヴェッラ駅で、大きなイタリアのサンドイッチとビールを買い込んで乗車。窓外に

第２部　ウィーンへ帰る旅

ドゥオモが見える路地

広がるぶどう畑や遠くに頭だけ出している雪景色のアルプスに目を遣りながら、列車の旅を満喫する時間であった。

2013年3月21日午後1時35分。

ヴェネチア・サンタルチア駅に到着。

横幅の広い駅の階段を降りると、すぐ船着き場である。

船着き場からヴァポレット（水上バス）にて移動した。ヴェネチアでは、水上バスや水上タクシーが主な交通手段である。

到着したホテル最寄りの船着き場からは一苦労で、途中、狭い水路に架かる丸い小橋を二つ三つと登り降りして越えていかなければならなかった。小橋では、重いスーツケースを転がすこともできず、抱え込んだり、引っ張り上げたりしながら、ようやく予約したホテルに到着した。

（ただ、車とすれ違うというストレスがまったくないのがありがたかった）

ホテルにチェックインして、ヴェネチアを漫歩することにした。

ただ、どことどこをこの日に訪れたのか、次の日に訪れたのか、記憶は薄らいでいる。

ホテルでもらった地図を手に、狭い路地や運河に架かる小橋を渡り、何度も迷いながら、世界遺産サン・マルコ寺院に到着。

物語にでも出てきそうな海に浮かぶシルエットが美しいサンタ・マリア・デッラ・サルーテ教会、荘厳なゴシック建築のドゥカーレ宮殿。

そして、サン・マルコ寺院と寺院の鐘楼、ドゥカーレ宮殿

第2部　ウィーンへ帰る旅

ヴェネチアの桟橋から

などに面したサン・マルコ広場。

　まさに82ページ、「路地を抜けると広場がある」という開放感に満たされる美しい広場である。

　そして、カナル・グランデ運河に架かる最古の橋、リアルト橋。橋の上や橋の周辺にも土産物屋が建ち並ぶ賑やかな橋。私も小さなヴェネチアングラスを買った。

　さて、前後するが、一度休憩するために戻ったホテルから出ようとしたところだった。
「はじめに」でも記しているが、ちょうどこの時チケット取次店から電話があり、「ロリン・マゼールが急病のため、ウィーンフィルは休演」になったという連絡を受けた。

　まさにこれからいよいよ夜行列車に乗って、「ウィーンに

帰る」前日のことだった。連絡を受けて、このコンサートが今回の旅のメーン（動機）だっただけに深く落胆し、気分が塞がれた。

この時のメーン曲は、R・シュトラウス作曲『アルプス交響曲』。事前に他のオーケストラのCDを聴くなどして期待していただけに深く落胆したのだが、溝口さんの勧めもあり、気を取り直して、急遽フェニーチェ歌劇場（ヴェネチア）で『マクロプロス事件』（ヤナーチェク作曲）を鑑賞することになった。

（ロビーで待っているうちに、ホテルにファックスでチケットを送ってくれた。くり返すことになるが、素早い対応だと思った）（別表3）

突然の決断でもあったので、そのオペラのストーリーや音

フェニーチェ歌劇場

148

第2部　ウィーンへ帰る旅

楽の聴きどころも準備していなかったが、ヴェネチアという
おとぎの国のような小さな街の、小さいが立派な歌劇場で過
ごす素敵な時間であった。

　これから向かうウィーンへの期待はしぼんでしまったが、
聴く準備をしていない街で音楽を聴くことになった経験。

　（因みに、この翌年、2014年7月。ロリン・マゼールは他
界してしまった。享年84歳）

別表3再掲　2013年〔フィレンツェ・ヴェネチア・ウィーン〕

3月21日㈭ （現地にて鑑賞を決定）	オペラ 『マクロプロス 事件』	ヤナーチェク	フェニーチェ歌劇場

　L・ヤナーチェクは、モラヴィア（現チェコ）出身の作曲
家。

　ただ、『マクロプロス事件』については何の下調べもして
おらず、英語の字幕をたどって観ることになったが、いつも
以上にやはり「物語の時間」が錯綜して頭が混乱する。

　──『マクロプロス事件』。舞台は1922年。チェコのどこか
の街？

「不老不死の薬を飲んだ娘は、1575年生まれの337歳。しか
し、もうすぐ薬が切れるので、処方箋の入った封筒が必要で
ある。結局、その封筒は火の中に投げ入れられ、娘もその火
の中で息絶える」というストーリー。

「一言で言う」というのは邪道ではあるが、あえて一言で言
えばこうだろうか？

149

337歳の人が登場するオペラで、舞台もよくわからない。音楽は十分楽しむことができたが、頭に「？」マークがいっぱい浮かぶフェニーチェ歌劇場体験となった。

しかし、一度は訪れたい素敵なオペラ座である。

── 旅というのは、常に「予定どおり」にいかないものかもしれない。

2日目、ヴァポレット（水上バス）で観光地を訪ねようと船着き場に行ってみると、この日は、ヴァポレットのストライキであった。

（予定どおりにいかない！）

幸い、ヴェネチアからは夜行列車でもあったので、それまでにストライキは終わるということだった。

ゴンドラは動いていたので、思い切ってゴンドラにも乗り、水路から水路へと漕いでもらった。

そして、徒歩で行くことができる範囲で島内を歩くことにした。

サンタ・マリア・デッラ・サルーテ教会を訪れ、ヴェネチアのシンボルとされる八角形のドームを眺めた。海と一体となった風景である。

船着き場から海を眺めていると、数名の日本の若者のグループがやってきた。

海を背景に互いに写真を撮り合った。

ドロミティやボローニャを旅してきたとのこと。そして、口々に「素晴らしい観光になった」「魅力的な街だ」と、や

や高ぶった口調で語ってくれた。もしかしたら、同行の仲間は別として、久しぶりの日本人かもしれない。

　私は、今晩、夜行列車でウィーンに向かうと言った。

「どこから来たか？」「どこへ行くか？」は旅の挨拶の常套句。

　若者たちはウィーンを羨ましいと言った。私は、ボローニャが羨ましいと言った。短いが桟橋での旅情溢れる交歓になった。

　風が吹いて海の匂いがした。

　夜になってヴァポレット（水上バス）のストライキが部分解除され、私はサンタルチア駅（水上駅）に向かった。

　サンタルチア駅21：05
　　　　　→（EN236 Allegro Don Giovanni 号）
　　　　　　　　→8：28ウィーン西駅

　夜行寝台は、自分が持ち込んだスーツケースが大きいこともあって、その分部屋が手狭になったが、洗面コーナーなどの工夫があったこと、「選べる朝食メニュー」や、モーニングコールをしてくれるなどのサービスもあり、久しぶりに列車の中でゆっくり眠ることができた。

　列車の揺れに身を任せ、遠くの、また近くの夜景に目を遣りながら睡魔に誘われ目を閉じると、ヴェネチアという小さな島で過ごした数々のシーンが、浮かんでは消え、消えては浮かぶのであった。

　どの辺りだろうか。差し込む光で目が覚めると、列車は朝

未きの緑の中をウィーンに向かっている。オーストリアの森の中を突っ走っているように感じた。ザルツブルクを過ぎ、まもなく、ウィーンに到着する。

　ウィーンでは、一晩はオペラ座で『アイーダ』を鑑賞し、2日目は、ウィーンフィルの代わりに、会場等は忘れてしまったが、モーツァルトの弦楽アンサンブルを鑑賞した。観客の多くは、観光の一展開として訪れている客のようであった。

第 2 部　ウィーンへ帰る旅

4 ザルツブルクに降り立つ
（ウィーンからミュンヘンへ）

　2016年は、プログラムの都合で、先にウィーンに入った。
　先にウィーンのオペラ座を訪れ、その後、ミュンヘンのガスタイクセンターで２夜コンサートを聴くという旅程になった（別表11）。

関空10：50→(LH0741便)→14：55フランクフルト空港
フランクフルト空港16：50→(LH1242便)
→18：10ウィーン国際空港

　この年も、「ウィーンへ帰る旅」をしたいと思って、計画段階では、鑑賞したい音楽を積んだり崩したりしていたのだが、この年の秋に自身も参加する演奏会があり、ヴェルディのオペラ『アイーダ』を演奏することになっていたことも大きな理由であった。
　何度目になるだろうか、『アイーダ』の鑑賞。
　国内は除き、2012年はプラハ国立歌劇場で、翌2013年には、ここウィーン国立オペラ座でそれぞれ鑑賞している。
　毎回それぞれ演出や音楽表現、そしてソリストの持ち味は異なるが、音楽展開とそのシーンを確認したいという強い思いもあった。したがって、今回は、オペラ座の座席は、あえて真下にオケピットの指揮者とオーケストラが見える上手側

153

3階席にした。舞台上のアリアや合唱を聴きながら、私の視線の多くはオケピットに注がれていた。

ジュゼッペ・ヴェルディ（Giuseppe Verdi）作『アイーダ』（指揮：シモーネ・ヤング Simone Margaret Young）。

G・ヴェルディは、イタリアロマン派の作曲家（1813－1901）。

『アイーダ』の他に、『ナブッコ』『リゴレット』『椿姫』などの有名なオペラを作曲している。言うまでもなく、イタリアオペラの最重要人物で、作品は、現在も世界のオペラハウスで数多く上演されている。

——私たちも演奏している！

因みに、私たちは、オペラ公演を中心に活躍されているNPO法人「オペラプラザ京都（山並るり子代表）」の芸術監督尾形光雄先生（テノール）をソリストに迎え、また合唱には個人参加の希望者にも加わっていただき、吹奏楽アレンジによる『アイーダ』（「清きアイーダ」「凱旋行進曲」など＊6）を演奏した。

『アイーダ』をこの演奏会のメインプログラムに据えている。

「もっと音楽をシェアしたい！」というコンセプトの下、合唱や吹奏楽で現役の高校生にも参加してもらった。

また、呼びかけに応じて、観客の皆さんをはじめ多くの方から提供していただいた鍵盤ハーモニカや管楽器などをメンバーたちがきれいに磨き、演奏会後に、カンボジアなどアジ

＊6　習志野市立習志野高等学校吹奏楽部顧問、石津谷治法先生編曲

第2部　ウィーンへ帰る旅

アの国の子どもたちに送らせていただいた。

　まさにホールの中だけではない「音楽のシェア！」となったことも記録しておきたい（2016年11月、「『ロームシアター京都』オープニング記念演奏会」にて）。

　──『アイーダ』。舞台は、古代エジプトの首都メンフィス。
「エジプトの敵国、エチオピアの王女アイーダは、エジプトの捕虜となっていたが、身分を偽り、奴隷としてエジプトの王女アムネリスの身の回りの世話をしていた。

　アイーダは、敵国であるエジプトの将軍ラダメスと密かに愛し合う仲になっていた。

　そんな中、悲劇の始まりだが、ラダメス将軍は、エチオピア討伐の指揮官を命じられる。

　アイーダは、恋人への愛と祖国エチオピアへの想いに葛藤する。

　また、エジプトの王女アムネリスも、将軍ラダメスを愛している。彼女は、戦場に向かったラダメス将軍を心配する奴隷（侍女）のアイーダが恋敵であることを確信する。

　エジプトは勝利し、ラダメスは軍を率いて凱旋する（有名な『凱旋行進曲』）。

　エジプト国王は、凱旋したラダメスに娘のアムネリスを与え、将来、自分の後を継ぐように言う。アムネリスは喜ぶが、ラダメスは困惑する。そして、アイーダは悲しみに暮れる。

　エジプトの捕虜となった者の中に、身分を隠してエチオピ

155

ア国王のアモナスロが入っていた。アモナスロは、娘のアイーダにラダメスからエジプト軍の機密情報を聞き出すよう強要する。

アイーダは、ラダメスと会い、『国を捨てて、二人で一緒に暮らそう』と誘う。ラダメスも同意し、エジプト軍の配備されていない『ナパタの谷』に行けば、誰にも会わずに逃げられる、とアイーダに伝える。

この時、この話をこっそり聞いていた父アモナスロは、自分がエチオピア国王であることを明かし、『ナパタの谷』からエジプトを攻めようと言い出す。

ラダメスは焦る。

そこへアムネリス（エジプトの王女）が現れたが、ラダメスは、アイーダとその父を逃がしてやる。

軍事機密を漏らしたラダメスは死罪となる。

彼の命だけは救いたい王女アムネリスは、『アイーダへの想いを捨てれば、命を助ける』と言った。しかし、ラダメスはそれを断り、死を覚悟する。

ラダメスは、地下牢に生き埋めにされる。

その暗闇の牢の中に、アイーダの姿があった。牢が閉じられる前に忍び込んでいたのだ。

二人は、抱き合いながら、静かに死を待つ」

というストーリー。

オペラが終わると、私にはよくあるケースだが、もう明日帰ってもいいと思うのだった。すっかり堪能できた証しでもある。だが旅は、まだ始まったばかり。

156

第2部　ウィーンへ帰る旅

　地下鉄を乗り継いでホテルに戻った。

　翌朝。ザルツブルク経由でミュンヘンに向かう列車に乗った。
　4時間ほどの列車の旅。
　窓外の緑の風景に癒やされながら、何度も昨晩の『アイーダ』の印象的なシーンや音楽、そして、3階の真上から見下ろしていたオケピットの女性指揮者シモーネ・ヤングのちょっぴり鼻にずらした眼鏡と勢いのある指揮姿が浮かんでくるのであった。

　　ウィーン中央駅11：30→（ザルツブルク経由）
　　　　　　　　　　　　→15：41ミュンヘン中央駅

　ミュンヘンでは、2夜コンサートを鑑賞する計画だったので、ミュンヘンをベースに列車による日帰りの旅をすることにした（別表11）。
　本音を言えば、ミュンヘンに到着した夜、間に合えばバイエルン国立歌劇場にてヴェルディのオペラ『仮面舞踏会』を鑑賞しようと思っていた。
　チェックインした後、コンサート用にブレザースタイルになってホテルを出たのが5時前。ホテルのカウンターで「バイエルン国立歌劇場（Bayerische Staatsoper）」の場所を尋ねたのだが、なかなか「歌劇場（opera house, opera theater）」が伝わらず、「たぶんこの辺り？」といった案内だった。
　したがって、手持ちの地図上にマークができないまま出発

157

することになった。地下鉄の駅は正しかったように記憶しているが、地上に上がってから何人かの人に尋ねてみても、オペラハウスを知らない人が多く、そうこうしているうちに結局開演の時間になってしまった。

　チケットを持っていなかったこともあり、鑑賞を諦めることになった「幻の一夜」である。したがって、まだ訪れたことがない「バイエルン国立歌劇場」。

　悔やまれる一夜である。

　翌３月10日(木)は、ガスタイクセンターにおいて、マリス・ヤンソンス指揮バイエルン放送交響楽団によるマーラー作曲『交響曲第５番』を聴いた。

ガスタイク（Gasteig）センター

第2部　ウィーンへ帰る旅

（「ガスタイクセンター」は、1985年にオープンしたミュンヘンのカルチャーセンターで、音楽大学、演劇大学、図書館などとともにフィルハーモニーはある。ミュンヘン・フィルハーモニー管弦楽団が所有している）

　マーラーの交響曲は『第2番「復活」』をはじめ、『第3番』、『第4番』と声楽の入った交響曲が続くが、『第5番』は、『第1番「巨人」』以来の器楽のみによる交響曲。マーラーが世に送り出した全9曲の交響曲の中のちょうど真ん中の作品。

（因みに多くのマーラーファン同様に、私も『第2番「復活」』の演奏会情報を得るとどこへでも出かけていきたいと思う習性がある。東京で一度、そして、松本のサイトウ・キネンで一度聴くことができた。どちらも私の軟弱な心臓には危ない『復活』だった）

　さて、マーラーの『第5番』である。

　1本のトランペットによる3連符を伴うファンファーレで始まる。副題の中には「葬列のように」という指示があるが、葬列を意識しなくても、哀しみに満ちた、そして緊張感を伴ったファンファーレであった。そして、むしろ強烈な悲愴感と多くの余情を伴って第1楽章は終わる。

　さらに第2楽章では、「嵐のように激動して」という指示があるとおり、まさに激しく展開され、そして第3楽章のスケルツォに移る。このスケルツォは明るい展開だが、常に陰りを伴いながら展開され、有名な第4楽章「アダージェット

159

（adagietto）＊7」が演奏される。

　私もこの「アダージェット」は気に入っている楽章。第5楽章への間奏曲風な展開でもあるが、大変濃厚であるのに派手ではなく、この第4楽章の中に没入してしまいそうな演奏だった。

　そして、終楽章（第5楽章）では、前楽章までに出てきたいくつものテーマが変化を付けて登場し、アレグロ（allegro＝「快速に」）の速さでクライマックスに向かう＊8。

　自分自身の中のいくつもの感性（の糸）が引き出され（紡ぎ出され）浮遊しそうになったが、最後までそれらの感性は縺れ合うことなく見事な完結へ導いてくれた。

　速い楽章の激しいフレーズではなく、むしろ第4楽章「アダージェット」が心に残る演奏だった。マリス・ヤンソンス指揮バイエルン放送交響楽団。

　また、3月13日㈰は、同じガスタイクセンターにおいて、ニコライ・ズナイダー（以下、N・ズナイダー）指揮ミュンヘン・フィルハーモニー管弦楽団（以下、ミュンヘンフィル）、ピアノはアリス＝紗良・オット（以下、紗良）で、ブラームスの『悲劇的序曲』、F・リストの『ピアノ協奏曲第2番』、そしてメーンはE・エルガー『エニグマ変奏曲』の3曲というプログラム。

　指揮のN・ズナイダーは、著名なバイオリニストであるが、新進の指揮者としても世界に認められている存在であ

＊7　「adagietto」214ページ

＊8　「allegro」214ページ

る。

2010年には、ワレリー・ゲルギエフに招かれマイリンスキー歌劇場管弦楽団の首席客演指揮者に就任している。また、ここミュンヘンフィルをはじめロンドン交響楽団、ドレスデン・シュターツカペレ、チェコ・フィルハーモニー管弦楽団など多くのオーケストラに定期的に招かれ指揮している。

1曲目ブラームスの『悲劇的序曲』は、暗く重いメロディが心の底にぐいぐい迫ってくるが、終盤のトランペットの響きなどは、「その重さを背景に、人の一生は始まるのだよ」といったファンファーレのようにも響いた。

1880年9月13日。ブラームスが、クララ・シューマンの誕生日に彼女とのピアノ連弾で、明るい曲調の『大学祝典序曲』と、この『悲劇的序曲』の2曲を披露したエピソードなどが思い出され、2曲目へのステージ転換の間、この曲のブラームスの作曲の動機は何なのだろう？　と思った。

ステージ転換でピアノが配置され、オーケストラメンバーが座ったところで、指揮者のN・ズナイダーとピアノの紗良が登場した。

リストの『ピアノ協奏曲第2番』。

6つの部分から構成される単楽章の曲。

曲が始まって、ピアノが弾き始められるとすぐ、とても大きな音楽を創るピアニストだという印象を受けた。先ずフレーズの作り方（歌い方）が大きいと思った。緩やかなテンポの部分では、紗良は語るように弾く。ミュンヘンフィルとのバランスもよく、時に鍵盤の上に身体を預けるように思い

を込める場面、そして速いパッセージでは小刻みに身体を動かす場面など、小気味のいい音楽が創られていった。

最終局面では、ピアノの紗良とN・ズナイダー、そしてミュンヘンフィルが一体となった圧倒的なクライマックスになった。

大きい拍手に応えるように、紗良は一人でアンコール曲を静かに弾いた。残念ながら曲名は失念してしまったが、ステージのミュンヘンフィルのメンバーが温かく優しくピアノの紗良を見守っていたことが印象に残った。温かいステージになった。

アリス=紗良・オット。また新しいピアニストとの出会いになった。

紗良は、1988年ミュンヘン生まれ、父がドイツ人、母が日本人という若手のピアニスト（2016年ミュンヘン訪問時は確か28歳だった）。主としてドイツで活躍しているが、日本でもよくコンサートを開いている。

この2016年3月の旅から帰った5月には、夜の報道番組に登場して生演奏を披露。また、その年の9月、（日本ツアーの中の）兵庫県立芸術文化センターでのグリーグのピアノ曲を中心としたリサイタルには駆けつけることができ、感動を新たにした記憶がある。

ミュンヘンでのコンサートと同じように、演奏後身体を折り畳むように深々とお辞儀をするのが微笑ましく、豊かな表現力のこのピアニストをしばらく追いかけたいと思った。

さて、3月13日のコンサート。

3曲目は、エドワード・エルガー（Sir Edward William El-

第2部　ウィーンへ帰る旅

gar）（以下、E・エルガー）の『エニグマ変奏曲』。

　何度か聴いたことのある『エニグマ変奏曲』。

　まだ、瞼に紗良の印象が残る中、たっぷりと懐かしい雰囲気を湛えながら、ミュンヘンフィルは「変奏」を続けていく＊9。

　静かに、そして徐かにバリエーションを展開していった。

　変奏曲というのは、いくつもの変奏を加えながら（探りながら）求心的にテーマに迫っていく音楽なのかもしれないと思った。

　そうだ、E・エルガーと言えば、あの『愛の挨拶』の作曲者でもある。

　昔勤務していた学校で、学校改革の一環として、あの定番のキンコンカンコンのチャイムから新しいチャイムとして定めた曲が『愛の挨拶』である。確か候補曲を校内放送で流し、投票して決めたように記憶している。当時の音楽科教員の力作でもある。始業前と下校時には、元となったオーケストラ曲も静かに流れる。まさに一日が『愛の挨拶』で始まり、『愛の挨拶』で終わる学校に生まれ変わった。

　もちろん様々著作権をクリアして導入したが、愛する人に『愛の挨拶』を贈ったエルガーもきっと微笑んでくれているだろう。

　さて、ミュンヘンに宿をとって昼間はぶらり「街歩き」。

　久しぶりに歩いたザルツブルク、以前一度訪れたことのあるノイシュヴァンシュタイン城への拠点フュッセン、ベンツ

───────────────

＊9　「変奏曲」215ページ

163

やポルシェのミュージアムのあるシュトゥットガルトを訪
問。ゆっくりとそれぞれの街の空気を吸い、戻ってきた時間
の範囲で気ままにミュンヘンの街も歩いた。

　ミュンヘンでは、中心部のマリエン広場周辺、新市庁舎や
聖ペーター教会、リンダーマルクトなどを覗きながらゆっく
りと歩いた。

　しかし、まさにそれぞれ必見の観光スポットの建物の中に
はあまり入らず、ひたすら地元の人の生活の匂いを嗅ぐよう
に街歩きを楽しんだ。地元の人や他の観光客から見れば、変
な日本人に違いない。

（そもそも目的地を定めていないような「うろうろ歩き」は
ちょっと怪しい速度である。街で見かけたら、私自身も少し
危ないと感じるに違いない）

　そんな中、ザルツブルクについては、少し記録しておきた
い。

　　ミュンヘン中央駅９：１５
　　　　　　　　　→１１：０２ザルツブルク中央駅
　　ザルツブルク中央駅１６：５６
　　　　　　　　　→１８：３０ミュンヘン中央駅

　ミュンヘンから入ってウィーンまでの列車の旅では、途
中、モーツァルトの生家のあるザルツブルクという美しい街
がある。

　ミュンヘンから１時間半、ウィーンからは２時間半程度。

第2部　ウィーンへ帰る旅

ザルツァッハ川

もっと早い列車もあったようにも記憶している。
　過去3度この街を訪ねているが、街角で辻音楽師の演奏には出合ったものの、まだホール等では音楽を聴いたことがない。毎年夏に、ここでモーツァルトのプログラムを中心とした「ザルツブルク音楽祭」が開かれている。
　ザルツブルク中央駅を降りて、モーツァルトの生家に向かって街を縫うように歩くという体験が、既に音楽の風に吹かれているようにも感じられる。
　ザルツァッハ川（Salzach）の向こう側（旧市街）には、やがて、ホーエンザルツブルク城塞が聳えるように見えてくる。

　その旧市街には音楽祭会場の祝祭劇場、鉄細工の看板が美

165

モーツァルトの生家

しい店が並ぶゲトライデガッセがあり、やがてモーツァルトの生家に辿り着く。博物館になっているレジデンス前にはモーツァルト像があるモーツァルト広場や大聖堂、ノンベルク修道院などがある。また、ケーブルカーに乗ってそのホーエンザルツブルク城塞に行くことができる。城塞からはザルツブルク市街が一望できる。この展望も外せないスポットで、城塞から一望しても素敵な街であることが実感できる。しばらくじっと眺めていたい風景である。

　中央駅のある新市街には、サンクト・アンドレー教会やモーツァルテウム（音楽大学）、州立劇場などがあるが、美しいミラベル庭園（宮殿）は通り抜けるだけでも音楽が聞こえてくるような気分に浸ることができる。舞台となったミュージカル映画『サウンド・オブ・ミュージック』のあの

第2部　ウィーンへ帰る旅

感動が蘇ってくる。中央駅から漫歩し、宮殿を抜け、橋を渡ってモーツァルトの生家に辿りつくという行程は格別である。

　もう30年以上も前の話だが、夏に訪れた時は、このザルツァッハ川の両側の川岸に植樹されている樹木に朱い実がなっていて、美しく広がる緑の風景の中の格別に印象的な朱だったことが忘れられない。私は、この朱い実のなる樹木を「スグリの木」（Ribes sinanense）だと思い込んできた。スグリは低木らしいが、少し見上げていた記憶があるので、別の樹木かもしれない。

　また、現在（2016年3月訪問時）は、ザルツァッハ川に架かる歩行者専用のマカルトシュテック橋には、永遠の愛を誓う南京錠が鈴なりで、恋人たちのメッカにもなっている。まさにロマンティックな小さな街を印象的に流れるザルツァッハ川、ミラベル宮殿、ゲトライデガッセ、丘の上に聳えるホーエンザルツブルク城塞、修道院……。

　そして中空から降り注いでくるモーツァルトの風。

　今は恋人たちの時間も、そして、私のようなおじさんの時間も流れるザルツブルク。

　にもかかわらず、今までコンサートホールやオペラハウスで生の音楽を聴いたことがない音楽の街、ザルツブルク。

別表11　2016年〔ウィーン・ミュンヘン〕（ザルツブルク）

3月8日(火)	オペラ『アイーダ』	ヴェルディ	シモーネ・ヤング指揮 ウィーン国立歌劇場管弦楽団 同　合唱団他 （ウィーン国立歌劇場）
3月10日(木)	『交響曲第5番』	マーラー	マリス・ヤンソンス指揮 バイエルン放送交響楽団 （ガスタイクセンター）
3月13日(日)	『悲劇的序曲』 『ピアノ協奏曲第2番』 『エニグマ変奏曲』	J・ブラームス F・リスト E・エルガー	ニコライ・ズナイダー指揮 ピアノ：アリス＝紗良・オット ミュンヘン・フィルハーモニー管弦楽団 （ガスタイクセンター）

第3部

音楽への深い感謝

(ミュンヘンからウィーン ── そしてベートーヴェンの小径、ウィーン中央墓地へ)

第3部　音楽への深い感謝

　2017年3月は、逆に、ミュンヘンから入って、「ウィーン
へ帰る旅」になった。

　　関空11：05→（KL868便）→14：55スキポール空港
　　　　　スキポール空港17：50→（KL1799便）
　　　　　　　　　　　　　　　　→19：10ミュンヘン空港

　3月22日ミュンヘン。
　ミュンヘンでは、2016年と同様にガスタイクセンターで
一夜コンサートを聴いた。
　ヴァレリー・ゲルギエフ（Valery Abisalovich Gergiev）（以
下、V・ゲルギエフ）指揮、ソプラノ、ゲニア・キューマイ
ヤー（Genia Kühmeier）（以下、G・キューマイヤー）、ミュ
ンヘンフィルによる3曲（別表12）。
　1曲目は、ドビュッシー『牧神の午後への前奏曲』。
　ハープをバックにフルートが美しく奏でていく内に、幾重
にも織り込まれるように他の楽器も加わっていき、やがて
トゥッティ＊¹を迎え大きく盛り上がったあと、ホルン等に導
かれて 頂 から緩やかに下りていくように、フルートによっ
　　　いただき
てゆっくりと曲を終える。
「交響的な」構想による奥行きというよりは、「点描的に」
描きながら幅や奥行きが広がってゆく。
　小石を投じたその波紋が池の中央に向かって広がっていく
ような世界観。

────────────
＊¹　「トゥッティ（tutti）」214ページ

「心象風景の描写」を重ねていった先にできた「宇宙」とでも言うのだろうか？

そういった表現法。そして、各楽器への音楽の担わせ方の新鮮さ。

彷彿させる芭蕉の世界。

何という美しい（演奏会の）幕開けだろうか。

Ｖ・ゲルギエフに出会えてよかった。そして、ドビュッシーが言おうとすることが少しだけわかったような気分になった。

客席には、日本語で表すと、「フルートは誰？」、「うん」とか「よし！」といった深い頷きが広がっていくのがわかった。

２曲目は、シューベルト『交響曲第４番「悲劇的」』。

第１楽章の悲愴感を帯びたテーマ。そして andante ＊２ で繰り広げられる第２楽章の最初のテーマはいかにも懐かしい。

久しぶりに聴くシューベルトの『４番』。

確かこの曲はシューベルトがまだ10代（19歳）の傑作ではなかったか。しかも、やはり没後かなり時間が経ってから、ライプツィヒで公式の初演を迎えたのではなかっただろうか。

ベートーヴェンを慕う日々での「作曲動機」。私はこの旅から帰国して「悲劇的」という曲名はシューベルト自身で付けたのだと知った。

＊２　「andante」214ページ

第3部　音楽への深い感謝

　ミュンヘンフィルは、第3楽章のメヌエット*3のあと、第
4楽章をいかにも軽快に奏でて終わった。

　明日、私は、シューベルトやベートーヴェンの多くの息吹
の集積、ウィーンに向かう。そんなことが頭を過る『4番』
であった。

　そして、マーラーの『交響曲第4番』（『4番』で揃えたプ
ロデュースかもしれない）。

　若い日に、腰にカセットテープを携帯してイヤホンで聴い
た初めてのマーラーが『第4番』。

　なぜこんなシチュエーションだったのだろう？

　若い私は信州上高地、河童橋から梓川沿いの山間の道を明
神まで歩きながらこのマーラー『4番』を聴いた。

　今日は、Ｖ・ゲルギエフ指揮ミュンヘンフィル。

　打楽器の「鈴」が妙に若い日を想起させる。弦楽器の深い
ボーイングにさらに心が動く。

　なぜ私は山間の道を歩いていたのか？

　その時、なぜマーラー『4番』だったのか？

　この曲は、私にとっては、初めてのとても不思議な音楽に
思えた。

　自分の感性を裏側から指摘されたような不思議な感覚に、
むしろ確かな存在感を感じていたのかもしれない。

　第3楽章の弦楽器による緩やかなメロディに大いなる安ら
ぎを覚えたことも思い出された。私はきっと木の根っこかど
こかで一度腰を下ろしたのではなかったか。谷間の道を歩き

────────────
*3　「メヌエット」214ページ

ながら、時に遥か急峻の山に目を遣り、時に梓川に視線を落としながら、若い私は何を考えていたのだろう？

50年の歳月が流れ、色づいた落葉松の葉は空中に漂って乱舞する。高い山々を背景に、光に乱反射する針のような落葉松の落葉……。

記憶に残る風景と歳月が音楽によって、乱れるように引き出されていく。

そのうち、トランペットやティンパニー等によって激しく奏でられ、弦楽器による静かな演奏のあと、既に楽章間に入場し座していたソプラノのG・キューマイヤーは、クラリネットやフルートに誘われるように立ち上がって歌い出す。

「♪私たちは天国の喜びを味わっています。ですから地上のことはわかりません。どのような世俗の音も聞こえてきません。……」

そして、鈴が鳴る。……鈴が鳴る。

およそ1時間ばかり歩いただろうか。

道標にしたがって左に曲がって歩くと神社（穂高神社奥宮）があった。静かに手を合わせた後、ベンチで一息ついて、私は踵を返した。帰り途、白樺を渡る風に抱かれるようにゆっくりと歩き、梓川のせせらぎを聞いた。

しかし、初めてのマーラー『4番』とのとても「重層的な時間」だったことを思い出していた。

終楽章は静かに終わり、大きな拍手がV・ゲルギエフとミュンヘンフィル、そしてG・キューマイヤーに捧げられた。何度も奏者を立たせ、G・キューマイヤーに拍手を導いた。「オー」という歓声が随所から上がった。

第3部　音楽への深い感謝

耳奥に、印象的に「鈴」が残った。

別表12　2017年Ⅰ〔ミュンヘン・ウィーン〕

3月22日(水)	『牧神の午後への前奏曲』 『交響曲第4番「悲劇的」』 『交響曲第4番』	ドビュッシー シューベルト マーラー	ヴァレリー・ゲルギエフ指揮 ソプラノ：ゲニア・キューマイヤー ミュンヘン・フィルハーモニー管弦楽団 （ガスタイクセンター）
3月23日(木)	『チェロ協奏曲』 『交響曲第6番「田園」』	ドヴォルザーク ベートーヴェン	アンドリス・ネルソンス指揮 チェロ：タマーシュ・ヴォルガ ウィーン・フィルハーモニー管弦楽団 （ウィーン楽友協会）
3月25日(土)	オペラ 『ファウスト』	グノー	シモーネ・ヤング指揮 ウィーン国立歌劇場管弦楽団 同　合唱団他 （ウィーン国立歌劇場）

✧ミュンヘンからウィーンへ

　この年は、前年とは逆に、ミュンヘンからウィーンに入った。途中ザルツブルク[4]を通って約4時間。

———————————

[4]　164ページ参照

ミュンヘン中央駅11：30→（RJ65）
→15：30ウィーン中央駅

　ミュンヘンを出発した列車は、すぐに田園風景を車窓に映す。
　広々とした田園の中を横切るように、一路ウィーンを目指す。
　通過する駅が近づいてくると小さな集落が現れる。
　集落の住民は、おそらく農業や牧畜業を生業にしているのではないだろうか。集落の中心には必ず背の高い教会があり、その教会を囲むように小さな村は広がる。
　広がるというより肩を寄せ合うように村を成す、といった方がいいだろうか。
　列車が小さな駅を通過する度に、小さな村の中に僅かに人の動きが見え隠れし、ゆっくりしたあるいは泰然とした生活の匂いが伝わってくる。
　生活を抱き込んで田園が広がるといった方がいい風景である。
　列車が駅を通過すると、またすぐ広々とした田園が続く。

　私は、この時間を待っていたのかもしれない。
　じっと車窓に視線を置いて過ごした。
　そして、いくつもの小さな駅を通過し、列車はドイツからオーストリア（ウィーン）に向かう。

　やがて列車はウィーン中央駅に到着した。

第3部　音楽への深い感謝

　地下鉄等を乗り換え、今回はウィーン西部 U3「Johnstraβe（ヨーン通り）駅」近く。

　ホテルは旅行業者にお任せで、多くは中心部から少し離れた（ガイドブックの地図では色塗りされた）中心部にぶら下がるような郊外のホテルが多く、北から入ったことや南から入ったこと、東南、ベルベデーレ宮殿のすぐ側から入ったこともある。ベルベデーレ宮殿近くに宿泊した時は、この宮殿も見学させていただいた。

　郊外からウィーン中心部を目指すというのは、「音楽の核心」に迫るような気分である。

　ウィーン市街地、地下鉄では、カールスプラッツ（Karl-splatz）で降り、地上に顔を出した時、ルネサンス様式のオペラ座の建物を含めた眼前に広がる風景にはいつも心がときめく。

　オペラ座のチケットを売るモーツァルトの肖像画のような衣装を着た scalper*5 にさえ、風景の向こう側に音楽を湛えた街のように感じられ、一歩を踏み出す喜びに心は満たされる。

　──ヨーロッパの多くの都市にはトラム（路面電車）が走っている。

　どこの街でも、トラムの路線図をすぐ取り出せるよう上着のポケットに入れて歩くことにしている。

　ウィーンなどは、「１日乗車券」や「３日乗車券」で、その路線の終点まで乗って、そこからまた戻ってくるという過

────────────

*5　「scalper」23ページ

177

ごし方をすることもある。トラムに乗って窓外に視線を置いているだけで、ありふれた言い方だが「街並みはさながら美術館」のように思える。それだけで半日ぐらいは十分楽しめる。5、6年前には、中心街のリンク通り（Ringstraβe）をぐるっと一周して過ごした。オペラ座で乗って、一度乗り継いだだろうか、時計回りに街を一周してオペラ座に戻ってきたように記憶している。

　途中には音楽家の銅像や王宮、市庁舎、博物館や大学、そしていくつもの公園や広場が見えてくる。何よりも建物や街並みが保存されていることが大きい。それらの景観は、私には美術的なあるいは美術史的な価値はわからないが、ゆっくり走るトラムからの景色を見ているだけで、まさに目に優しい時間帯になった。

　時々、改築中の建物も見掛けたが、隙間なく建て込んでいる両隣の建物とトーンと揃えて再建しているのがわかった。国や市の「街」に対する基本的な姿勢と、それらの行政を支える市民の静かだが熱い心意気が伝わってくるようだ。実に、彼らはそういう街に住みたいのだ。

　街は黙して静かだが、街自身が語ってくれる物語がある。

「歴史の魂に推参する」と言ったのは小林秀雄だが、例えばKarlsplatz駅で地下鉄を降り、階段を上がって地上へ出た時、この街角でふと感じる深い想いは、「ウィーンという街の魂に推参する」とでも言いたいような気持ちになる。

　　　　　　　（小林秀雄『モオツァルト・無常という事』新潮文庫）

第3部　音楽への深い感謝

しかし、どうして、多くの音楽家がウィーンへウィーンへと集まったのか。

ウィーンには何があるのか。

ベートーヴェンはモーツァルトを訪ねウィーンを訪問する。母の危篤の報に一旦ボンに戻るが、ハイドンに認められウィーンに移住する。

そのモーツァルトもヨーロッパのいくつかの街に赴くが、最後はウィーンに定住する。

ベートーヴェンを敬愛してやまなかったシューベルトは、ベートーヴェンの葬儀に参列した翌年、ここウィーンで亡くなっている。

なぜ、ウィーンなのか？

改めてこの問を抱えることになった私の旅の終着地ウィーン。

2017年3月23日㈭ウィーン楽友協会。

ホテルにチェックインした後、すぐさまウィーン楽友協会（大ホール）を目指した。

ウィーンオペラ座の近くにウィーン楽友協会（ムジークフェライン）はある。メトロでは Karlsplatz 駅、トラムでは Oper 駅から徒歩3〜5分である。

この日のウィーンフィルは、指揮アンドリス・ネルソンス（以下、A・ネルソンス）、チェロはタマーシュ・ヴォルガ（以下、T・ヴォルガ）で、ドヴォルザーク『チェロ協奏曲』とベートーヴェン『交響曲第6番「田園」』の2曲。

A・ネルソンスは、1978年生まれのラトビア出身の若い

指揮者（この年、39歳）で、私にとってはこの日が初めてだったこともあり、新鮮な気持ちとちょっぴり不安も抱えて客席に座っていたことを覚えている。マリス・ヤンソンスと響きが似ていると思っていたら、彼は、同じラトビア出身で、いわばA・ネルソンスのお師匠さん（1943年生まれ。この年74歳）。

（2016年には、バイエルン放送交響楽団、M・ヤンソンス指揮で、マーラー『交響曲第5番』を聴いている）＊6

　また、チェロのT・ヴォルガも初めて。

　T・ヴォルガは、1969年ブダペスト生まれ。私は、T・ヴォルガのチェロ独奏は初めてだが、どこかのステージでオーケストラの一員として見たような懐かしい気分で親近感が持てた（ウィーンフィルだったろうか？）。

　さて、ドヴォルザークの『チェロ協奏曲』は、好みの1曲。それぞれの楽章の、（私にとって大事な）フレーズをどのように演奏してくれるか、とても期待して開演を待った。

　第1楽章、最初のテーマが奏でられた後、ホルンによる第2主題が提示されるとほっとした安堵感に満たされる。木管楽器の演奏のあと、弦楽器による高まりを経て、ようやくT・ヴォルガがチェロを奏でる。

　第1主題を高らかに奏でた後、先ほどの第2主題をチェロはたっぷりと歌い始める。ここがたまらない。

　主題のいくつかの展開を見せて、チェロはフルートなどと絡まりながら、そして最初の主題を優しく歌った後、トゥッ

＊6　158ページ参照

第3部　音楽への深い感謝

ティ（tutti）*7で第1楽章を終わる。

　T・ヴォルガ、いいぞ、と思った。

　第2楽章は、いわゆる緩徐楽章。木管楽器と絡まりながらゆっくりとチェロは歌い始める。いかにも気持ちよさそうなT・ヴォルガ。

　天空へ導かれるような時間。

　オーケストラをバックにこんなメロディを奏でる時間があるなんて！

　座って演奏するT・ヴォルガの身体と一体化した弦楽器チェロ。

　チェロ弾きのヴォルガ。

　長い糸を引くように第2楽章は終わる。

　そして、終楽章はAllegro。

　舞曲風のメロディによって始まる。オーケストラとやりとりをくり返しながら、時に前に出て、時に裏で奏でるチェロ。やがてチェロとオーケストラはいくつもの問答をくり返しながら、そして徐々に高まりながらフィナーレの階段を上っていく。そして金管楽器も加わりオーケストラと一体となってドヴォルザーク『チェロ協奏曲』は終わった。ブラボー！　だと思った。

　休憩の後、この日のメーンはベートーヴェン『交響曲第6番「田園」』。

　A・ネルソンスは、改めてウィーンフィルのコンサートマスターと握手を交わし、指揮台に上がる。ホール内は緊張感

───────────

*7　「トゥッティ（tutti）」214ページ

181

で漲る。

『6番「田園」』は静かに始まった。

第1楽章、第2楽章と聴いているうちに、私の心の中には
ある思いが過っていった。第3楽章、第4楽章……。とても
静かな時を迎えていることに気づいていく。

――もしかしたら、私は、「永く音楽と向き合い、時には
音楽と対峙するかのように、『自分の外にあるもの』として
対象化してきたのではないだろうか?」

それがどうだろう。今、ほどけるように「この関係」が崩
れていく。

そう。今、ウィーンフィルの『6番「田園」』を聴きなが
ら、音楽と自分とが解け合うように一体化していくではない
か!

対象化されたものではなく、音楽と打ち解け合うように一
体化する自分を感じていた。

今までの「音楽との関係」は一体何だったのだろう? そ
んな不思議な時間が訪れるのだった。

私は、最後の楽章を聴き終えた時、もちろんウィーンフィ
ルの好演に、その独特のサウンドに、そしてA・ネルソンス
に、感謝の拍手を送った。

しかし、心の中で芽生えたこの不思議な感覚が、むしろ大
きく育っていっていることに気を取られる時間でもあった。
『6番「田園」』という楽曲のせいだ、と思おうとした。
ウィーンフィルの独特の柔らかいサウンドだからだと思おう
とした。

しかし、拍手を送っている自分と、重層的に「音楽と解け

合う」という新たなテーマの中にいる自分がいるのだった。

　次の日の朝、ゆっくりと目覚めた私は、昔訪れたことがある「ベートーヴェンの小径」を歩いてみたいと思った。

✧ベートーヴェンの小径

　ウィーンの中心部から地下鉄U4（又はSバーン）で北に向かい、ハイリゲンシュタット駅（Heiligenstadt）で降りる。

　ハイリゲンシュタットは、ホイリゲ（居酒屋）の街として有名なところ。多数のワイナリーが居酒屋も運営している。「ホイリゲ」は、"若い（今年の）ワイン"のことも意味していて、いつか新酒の出る季節（9〜10月）に訪れたいと思っている街である。看板に緑色の松の小枝が束ねて吊るされていれば、新酒を提供しているという意味だと聞いた。

　私は、ハイリゲンシュタットは2度訪問しているが、いずれもが3月だったため、新酒にはありつけていない。前回は、それでも、ランチタイムにワインをいただき、雰囲気だけを味わった。

　「ベートーヴェンの小径」（Beethovengang）は、「散歩道」「小径（しょうけい）」「小道」など、ガイドブックによって日本語の呼び方や表記が多少異なるが、私は「小径（こみち）」が一番馴染みやすい。

　私が「ハイリゲンシュタット」という地名に瑞々しさを感じるのは、「ワインの新酒」や「ぶどう畑」が背景にあるからに違いない。

　「ベートーヴェンの遺書の家」という呼び名からは、暗い印

183

象は避けられないが、「ベートーヴェンの小径」からは、ある種の牧歌的なイメージが浮かぶ。諸説はあるが、『交響曲第6番「田園」』を構想したのが、まさにこの「小径」であるという説にも、一層のどかなイメージが膨らむ。

　ハイリゲンシュタット駅からは、入り口まで徒歩でも20分ぐらいだったように記憶している。

　また、ハイリゲンシュタット駅でトラムに乗り換えれば、終点が「ベートーヴェンの小径」の入り口である。

　2度目の訪問の時は、やや歩き疲れて、帰り途、ハイリゲンシュタット駅までこのトラムに乗って戻ってきた。

　ベートーヴェンの小径。

　シュライバー川という小川に沿って、両側を緑に囲まれた細い道を歩いていくと、ベートーヴェンが五線紙と鉛筆を持って散歩し、楽曲の構想を練った道であるということが実感できる。

　1802年10月6日。耳が聞こえなくなったことを悲観して、甥のカールと弟のヨハンに宛てて遺書を書いた家（「ハイリゲンシュタット遺書（Heiligenstädter Testament）の家」）。

　1827年3月。アントン・シンドラーとシュテファン・フォン・ブロイニンクによって発見され公表された。

　遺書は、進行する難聴への絶望感と芸術家としての運命をまっとうするために、肉体的にも精神的にも病気を克服したいという強い思いを反映する内容になっている。

第3部　音楽への深い感謝

❖ベートーヴェン『ハイリゲンシュタットの遺書』

　——私を「人間が嫌いな人間」と思い込み、他人にもそんなふうに言いふらす人々よ。何と不当なことか。

　幼い頃から、私は善行を好む優しい感情に傾いていた。偉大な善行を成就することは、常に私の義務だと考えてきた。

　6年にも及ぶ間、治る見込みのない疾患に苦しんでいること。

　医者によって容態はむしろ悪化し、快復するだろうと欺かれながら、永続的に治る見込みがないという見通しを抱かざるを得なくなっている。

　自分の性格は、社交の愉しみを受け容れる感受性を持っており、物事に情熱的で活発な性質であるにもかかわらず、若い内から人々を避け、孤独の日々を過ごさざるを得なかった。

　耳が聞こえない悲しみを二倍にも感じさせられて、自分が入っていきたい世界から押し戻されてきた。その辛さ。

　本当は、「もっと大きな声で話してほしい。私は耳が聞こえないので、叫ぶように話してください。」と頼みたかったのに、私にはどうしてもそれができなかった。

　音楽家にとって一層完全でなければならない感覚。

　かつては同じ専門の音楽畑の人々でもごく僅かしか持っていない一つの感覚（聴覚）の完璧さ、—— 私が持っていたあの感覚を失いつつあること。そのことをさ

185

らけ出すことがどうしてできようか。

　本当は、仲間入りしたいのに、孤独の内に過ごすことを赦してほしい。

　人々の集まりが近づくと自分の病状が気づかれないか不安である。

　この半年、私が田舎で暮らしたのも、その理由からである。

　私の傍らに座っている人が聞くことができる「遠くから聞こえる羊飼いの笛」が、自分には何も聞こえないという屈辱感。

　そのような経験をくり返す内に、自らの命を絶とうとすることばかりを考えていることもあった。

　そのような死から私を引き止めたのは、ただ「芸術」があったからである。感じているすべてのことを成し遂げないうちに、この世を去っていくことはできない、と思ったのだ。

　（遺書の相手の二人に）おまえたち兄弟よ。

　シュミット教授に私の生前の病状報告を作ってほしい。

　そして、今書いているこの手紙（遺書）を、その病状報告に付けて、世に発表してほしい。

　そうすれば、世間が私への誤解を解いてくれ、（私と）世間の和解が可能になるだろうと。――

（参考：『ベートーヴェンの生涯』ロマン・ロラン著　片山敏彦訳　岩波文庫）

第3部　音楽への深い感謝

　ベートーヴェンの『ハイリゲンシュタットの遺書』は、概ね以上のような内容であった。

　歩きながら、私は、ベートーヴェンが聞こえないと言った「羊飼いの笛」を想像してみた。そして、遺書の内容を思い出しながら、私は、ゆっくりと「ベートーヴェンの小径」を歩いた。

　そして、しばらく歩いていると、私の耳には、もう一つの「ベートーヴェンの声」が聞こえてくるのだった。

　それは、『交響曲第9番（合唱付き）』の終楽章の歌詞（言葉）であった。

　若い日に、シラーの詩『歓喜に寄せて』と出会ったベートーヴェンは、その約30年後、まさに最晩年に完成させた『交響曲第9番（合唱付き）』として結実させている。

　しかし、終楽章の冒頭のフレーズ（詩句）は、そのシラーの詩ではなく、ベートーヴェン自身の言葉である、と。

「ベートーヴェンの小径」を歩いていて、耳の奥の方に聞こえてきた、彼のもう一つの言葉。

　　── おお友よ、これらの響きではなく！
　　O Freunde, nicht diese Töne!
　　（オー・フロインデ、ニヒト・ディーゼ・トェーネ）

『流れよ』

山肌から滴る、清らかで澄んだ「初めての水滴」を、
優しくその手に掬んだのは、誰か。
両の手で巧みに囲いながら、
平らかな土の斜面に、
初めての「流れ」を創ったのは、誰か。

源流の岩に激しく叩かれ、果敢にぶつかりながら、
水を磨き続けたのは、誰か。
時に早瀬を急ぎ、時に淀みに留められ、
いくつもの井堰を大きくジャンプするたびに、
水たちの胸をときめかせたのは、
誰と、そして、誰なのか。

　さて、今回のウィーンはゆとりのある日程である。
　今までと同じようにシュテファン大聖堂あたりをゆっくり
と歩いたり、過去の土産で高評だった菓子店などに入った
り、市庁舎周辺を散策したりして過ごした。
　そしてまた、これらの時間、心の中では、「音楽と解け合
う」という自身の内的体験を見つめる時間でもあった（以下
182ページから引用）。
　── もしかしたら、私は、「永く音楽と向き合い、時には
音楽と対峙するかのように、『自分の外にあるもの』として
対象化してきたのではないだろうか？」
　それがどうだろう。（ウィーンフィルの『田園』を聴いた）

第3部　音楽への深い感謝

今、ほどけるように「この関係」が崩れていく。——

　そのテーマを抱えたまま、次の日は、ここもまた一度訪れたことがある「ウィーン中央墓地」に行ってみようと思った。
　そして、時間的には前後し、「ウィーン中央墓地」を訪れた日の夜になるが、これらの心の変遷を経て、ウィーンオペラ座では、グノーのオペラ『ファウスト』を鑑賞するに至る。
　ウィーン国立オペラ座は、この年もシモーネ・ヤングが指揮をしていた。
　シャルル・フランソワ・グノー（Charles François Gounod）はフランスの作曲家（以下、グノー）（1818 − 1893）。
　——『ファウスト』。ゲーテの劇詩『ファウスト』を題材にしたオペラ。舞台は16世紀、ドイツ。
「真理の探究に人生を費やしてきたファウスト博士。年老いて絶望し服毒自殺を図ろうとする。そんな中、メフィストフェレス（悪魔）が現れ、ファウストの望みを聞くと言う。ファウストは『青春』を望む。若いマルガリータの幻影を見せられたファウストは心を動かされ、その代償として、死後の魂を渡すという契約書を書かされる。
　ある村で、ファウストとマルガリータは出会う。そして、マルガリータはファウストの愛を受け容れる。ファウストがマルガリータの元を去った後、マルガリータはファウストの子を身ごもっていた。
　ファウストのことを想いながら糸を紡ぐマルガリータ。

189

出征していたマルガリータの兄が帰ってきて、妹の変わり果てた姿に怒り、ファウストと決闘をするが、兄の方が敗れ死んでしまう。

　その後、ファウストは、メフィストフェレス（悪魔）の元で酒池肉林を体験するが、マルガリータのことが忘れられず、再会した二人は愛の二重唱を歌う。

　しかし、その後、ファウストとメフィストフェレス（悪魔）は、子を殺した罪で牢に入っていたマルガリータを誘い出そうとするが、狂ってしまったマルガリータは牢から出ようとしない。

　マルガリータが神に祈ると天使たちが現れ、彼女は神の元に救済されていく」

　というストーリー。

　いつもながら、私はストーリーのリアリティに苦しみながら、オペラを鑑賞した。しかも、フランス語のオペラは初めての体験。どうして？　という私の中の問の解決を待たずにストーリーはどんどん進んでいく。

　そして、いつもながら、音楽は素晴らしいと思った。そして、その素晴らしい音楽は、私の中で溶け込もうとしていた。

　しかし、観客の多くは、お芝居の中に入り込むことができるのだ、と感じた。仮構の世界に入り込んで、こうして音楽劇を楽しんでいるのだと思った。

　それが、私には難しい。

　確かに、イタリア語、ドイツ語、フランス語といった「言葉の壁」は常にあったが、こうしていくつものオペラを鑑賞

第3部　音楽への深い感謝

して、私は依然として「言葉の壁」ではなく、「物語の世界」にスムーズに入ることが難しいという強い実感を抱くのだった。

◇ウィーン中央墓地へ

　宿泊しているホテルの最寄りの駅、ヒュッテルドルファーシュトラーセ（Hütteldorfer Straβe）から、ウィーンの市街地をほぼ真横に横切る地下鉄U3号線に乗り（途中、シュテファンスプラッツ、ウィーン・ミッテ駅を経て）、終点スィメリング（Simmering）に向かう。

　スィメリングからトラムの71番に乗り換え、中央墓地（Zentralfriedhof）の第2門（Zweite Tor）で下車する。

　音楽家たちが眠っているのは、中央墓地の区画「32A」。

　第2門から正面奥に見える、丸いドーム型の屋根の大きな教会に向かう並木道を200mほど行った左側に音楽家のお墓が集められている。

　真ん中がモーツァルト記念碑[*8]。その奥左右がベートーヴェンとシューベルト。右手奥がブラームスとJ・シュトラウス（2世）。

　さらに、J・シュトラウスの裏がJ・ランナーとJ・シュトラウス1世。そのあたり一帯にスッペ、ウィンナーメカニックピアノ制作家シュトライヒャー、歌曲のヒューゴー・ヴォルフ、オペラ改革者グルック、ヨゼフ・シュトラウス、

───────────

[*8]　モーツァルトのお墓は聖マルクス墓地にある。

エドワルド・シュトラウス……。

　その他、案内パンフレットによると、ウィーン・コンツェルトハウスを建築したヘルマン・ヘルマー、ウィンナ・オペレッタの作曲家カール・ミレッカー、ゼメリング峠を越えてアルプスへ至る山岳鉄道を通したカール・リッター・フォン・ゲーガ、スエズ運河開通に尽力したアロイス・ネグレッリ、建築家カール・フォン・ハゼナウアー、劇作家ネストロイ……等々がひしめき合っている（いくつか初めて聞く名前があった）。

　10年ほど前に一度訪れたことはあるが、私は、改めて案内パンフレットを片手にゆっくりと中央墓地を漫歩した。当然のことではあるが、その多くは名前も知らない300万人の人々が眠っている広大な墓地である。

　私は今回の旅の目的を思い出し、お世話になった音楽家のお墓をまさに一直線に目指した。

　生まれて一番初めに聞いたクラシック音楽はいったい何だったのだろう？

　小学校の音楽の時間？　中学校？　……断片的な記憶が蘇るようで、迎えにいくと記憶は遠ざかっていく。

　ベートーヴェンの交響曲などは、中学校の音楽の授業でレコードをかけて鑑賞することがあった。『交響曲第6番「田園」』には、事前に聴きどころについての解説があったように記憶している。

　例えば、「……『田舎についた時の愉快な気分』というのは、ほら、みんなが都会から帰った時に目に映る田んぼの風

景などを思い出しながら聴いてみるといいよ」といった前振りがあった。

　授業時間（45分程度）の中で紹介できるように、レコードは途中何度も省略され、やがて「激しい雷雨（第4楽章）」、そしてその後に「牧歌 ── 嵐のあとの喜びの気持ち（第5楽章）」で終わる。「……情景を思い浮かべながら聴いてほしい。……」といった解説だったように記憶している。

　私は音楽の先生から言われたとおり、頭の中に様々な情景を思い浮かべながら集中して聴いた。田園風景は、改めて言われなくても、ヨーロッパのそれではなく日本の稲田の風景一色だった。

　『第5番「運命」』や『第9番（合唱付き）』なども、有名な楽章の紹介があったように記憶している。

　レコードの時代、カセットテープの時代、MD、CDなどの時代、……自宅の音楽再生装置（当時「ステレオ」）、そして、ウォークマンなどを携帯してイヤホンでも聴く時代、そして、運転する車内でも聴く時代。

　多くのクラシック音楽が私の生を豊かにしてくれた。

　中央墓地の区画「32A」をゆっくりと歩き、ベートーヴェンやシューベルト、ブラームスなどの音楽家の墓碑銘を確認して、日本でするように静かに手を合わせ、深く頭を下げた。

　静かな時が流れた。

ウィーン中央墓地
(ベートーヴェンの墓)

　ベートーヴェンのお墓の隣にシューベルトのお墓がある。
　ベートーヴェンより少し遅れて生まれ、重なるようにこの時代を生きたシューベルト（シューベルトはベートーヴェン27歳の時に生まれた）。
　貧乏だったシューベルトは、お金を工面してはベートーヴェンのコンサートを聴きにいったという。シューベルトが成人となって作曲や演奏を始めた頃、ベートーヴェンの難聴は酷くなり、作曲も止めウィーンを離れていたが、シューベルトが25歳になったころ、52歳になったベートーヴェンは、あの奇跡の復活を果たす。『交響曲第9番（合唱付き）』（以下：『第9番』）である。
　圧倒的なスケールと内容のこの『第9番』を聴いた衝撃

第3部　音楽への深い感謝

で、シューベルトは、2楽章まで書き進めていた自らの交響曲の続きが書けなくなり、ついに断念したというエピソード。

そのシューベルトの死後30年経って発見された『交響曲第7番「未完成」』。

ベートーヴェンの死の数日前、病室への見舞客の中にシューベルトは居た。

シューベルトの家

そして、ついに会話を交わすことができなかったこの偉大な先輩の葬列の中、シューベルトは巨匠の棺を囲む一員となっていた。

そして、ベートーヴェンの葬儀に参列した（実に！）翌年、31歳の若さで亡くなったシューベルト。シューベルトの思いを汲んだ兄フェルディナントの意向により、当時のヴェーリング墓地のベートーヴェンの墓の隣にシューベルトは埋葬された（その後、現在の中央墓地に移されている）。

シューベルトについて個人的な思い出も蘇る。

定年退職を迎えた春、通勤の自家用車のFMラジオから、「シューベルト最後の交響曲」という紹介で『(大) ハ長調の

195

交響曲』（D944）が流れてきた。研究者により、第8番とも第9番とも言われるこの『ザ・グレート』。

　オーケストラも指揮者も覚えていないが、私は、この曲との運命的な出会いに心が震えるのだった。

『魔王』『アヴェ・マリア』『野ばら』など、主に「歌曲の王」としてのシューベルトは知っていたが、『未完成』以外に果たして何曲の交響曲を聴いていただろうか。しかも、この曲が最後のシンフォニーである。

　おそらく「最後の」という響きにも共鳴した節がある。私は、運転する車を道路脇に止め、一旦心を鎮めてから再度ハンドルを握ったことを思い出す。

　この夭逝の作曲家が心から敬愛した憧れのベートーヴェンのお墓、その側に寄り添うようにシューベルトは葬られている。

　そうそう。

　1838年、シューマンがウィーンに立ち寄った際、シューベルトの兄フェルディナントの家を訪れたが、シューベルトの書斎は亡くなった時のままの状態で保存されていて、その机の上に埃に埋もれたままの『(大)ハ長調の交響曲（ザ・グレート）』を発見した。

　シューマンはこの楽譜をライプツィヒに持って帰った。そして、その後、メンデルスゾーンの指揮によりライプツィヒにて初演され絶賛された。

　——昔、ベルリンからライプツィヒを旅した時、確かメンデルスゾーンの記念館かどこかで私はこのエピソードを知った。かくして、シューベルト最後の交響曲は世に知られるこ

第3部　音楽への深い感謝

とになった、と。

　私は、前の晩、ウィーンのホテルにて、手持ちの包装紙で
にわか作りした、掌に包み込めるぐらいの小さな折り鶴を3
つだけ作ってバッグに忍ばせていたので、まことに個人的
な事情ではあったが、ベートーヴェン、そして、すぐ側の
シューベルト、少し離れたブラームスの墓前に、風で吹き飛
ばされないように丁寧に、そして、そっとその折り鶴を置
き、日本でするようにゆっくりと両手を合わせ、深く頭を下
げた。

　――ありがとう。この世に、そして私の心にずっと音楽を
届けてくださったことに深く感謝いたします。

　――あなたや、あなたを敬愛する多くの音楽家が豊穣なる
音楽を創ってくださったお陰で、私の人生を豊かにすること
ができました。

　――時には、魂の底から揺さぶり、「生きよ！」という声
をかけてくださったことに、深く感謝いたします。

　中央墓地を離れ、それぞれの墓地の前で抱いた想いを心に
残しながら、私はゆっくりと電車道に戻ろうとした。

　中央墓地からの道すがら、若い日に「Aimez-vous Brahms?」

（ブラームスはお好き？〈ですか？〉）*9 という書き出しで、ある人をコンサートに誘った思い出などが微笑ましく蘇ってきた。

この日のコンサートは、ブラームスの『交響曲第1番』であった（山田一雄指揮、京都市交響楽団、京都会館第1ホール〈現「ロームシアター京都」〉）。

また、自宅近くの川沿いの野道を歩きながらイヤホンで聴いたベートーヴェンの『交響曲第7番』。

川を遡るとそこには小さな森があった。

時折、膝あたりまで草が覆うその土手道を歩いていると、やがてそのこんもりした小さな森は近づいてきた。『第7番』は、第1楽章の後半 Allegro con brio から第2楽章 Allegretto へと展開していた。ジョージ・ソルティ指揮、シカゴ交響楽団が演奏するベートーヴェン『交響曲第7番』。

やがて小さな森が近づき、その森と対峙した時、断片的なフレーズ（詩句）が浮かんできたことを思い出した。

今、ウィーン中央墓地が、そして、そこに眠る音楽家たちの「気」が、なぜか、この『森よ』という詩句を再び蘇らせるのであった。

まだ訪れたことのない「ウィーンの森」。

ここ中央墓地からも、そして、ハイリゲンシュタット「ベートーヴェンの小径」からも、背後に"遥かな深い森"

---

*9 「Aimez-vous Brahms?」フランソワーズ・サガン同名小説

第3部　音楽への深い感謝

を感じる。

　ウィーンを何度訪れても、旅程はコンサート中心の、した
がってウィーン中心部になり、いつも「ウィーンの森」は旅
程から外れてしまうのだ。

　しかし、常に影のようにその存在感を感じてきた「ウィー
ンの森」……。

　　　『森よ』

　　森には、自己を見失った者の亡骸が残され、
　　無垢の生命の産声が聞こえる。

　　森は誰かの激情を鎮め、
　　森は誰かのため息を拾う。

　　森は深淵なる受容力
　　森は整序を待つ混沌

　　そして、森は ──
　　静かだが激しい律動
　　見えないが聞こえる生命の調和

あとがき

⑴「石畳の街角に立つ」

序文「風に吹かれて」の中で、私は、「若い日に旅に出ること」そして「自分の中の『日々の心のサイクル＝日常性』と向き合うこと」の大切さに触れている。

私が現職だったころ、まさに３連休を中心とした数日間で訪問できるアジアの国々を旅した。インドネシア（バリ）、シンガポール、マレーシア、タイ、そして、ごく限られた地域の中国や台湾……。

それらアジアへの旅を「音楽の旅」という面から語るとすれば、生まれてこの方ずっとヨーロッパの７音音階に馴染んだ私の身体（耳）が、先ずは東南アジア「ガムラン文化圏」の微妙な５音音階*10に接する旅から始まったと言える。

帰国後、耳に残っているその５音をピアノで辿ってみて、「微妙な音程のずれ」があったことを記憶している。

私はその「微妙な５音音階の音楽」に大きく心を揺さぶられ、まさにカルチャーショックに陥ると同時に、一方で、その「微妙な５音音階」に徐かに馴染んでいく自分に気づく体験でもあったように思う。

伝播した地域や経路など歴史的な位置づけ（背景）は肝要ではあるが、５音（５声）音階で括れば中国も同様であった。

---

*10　１オクターブの音域に５つの音を持つ音階に基づく音楽。

その後、沖縄で聴いた琉球音楽も5音音階であった。

そうだ、日本の民謡や歌謡曲も「ヨナ（4、7）抜き」と呼ばれ、音階の中にファとシがないものにも接してきたか。

子どものころに聞いた『リンゴ追分』（美空ひばり）や『達者でナ』（三橋美智也）『上を向いて歩こう』（坂本九）、青年のころ聞いた『北国の春』（千昌夫）や『昴 — すばる —』（谷村新司）など枚挙にいとまのない5音音階の歌謡曲に包まれて育ってきている。

（若い日に、ピアノの黒鍵〈5音〉だけでメロディを辿った記憶のある音楽群）

そうすると、「ヨーロッパの7音音階に馴染んだ私の身体（耳）」という言い方は不適当なのかもしれない。むしろ「(半音)12の平均律」という言い方がここでは正しいのかもしれない。

しかし、東南アジアや東アジアで聴いた各国の音楽（音律）には、その微妙な音程が醸し出す音楽には、淵源する同一性を深く感じずにはおれない。

アジア人としてのアイデンティティに身体が反応する時間であった。

—— つまり、この「微妙な5音音階」は、遥か南の海を渡って、あるいは遠路大陸を渡って、「アジア文明の遺伝子」として、既に私の中に組み込まれていたのではないか？　といった発想に満たされるのであった。

もちろん風土や宗教の違いも捨象することはできない。

時に熱帯と温帯、モンスーン、雨季と乾季。イスラム教やヒンズー教、仏教や道教……。

しかし、ヨーロッパの文明との出会いと比較すれば、明らかに一種の親和性を伴って「アジアの空気」の中に溶け込んでしまう自分がいたように思う。

　管理職の頃、私は生徒へのスピーチなどで、よく「アジア（世界）の街角に立つ」というフレーズを使った。
　高校生の研修旅行を国内からアジアに変更したのだが、団体旅行であるという制限はあっても、「アジアの街角に立たせたい」と思ったからである。そしてまた、仮に１泊であっても、アジアの家庭においてホームステイを経験させたいと思った。
　まさに異文化を肌で感じる体験であってほしい。そして、共通する大きな文明圏の中での同一性を感じる体験をしてほしい、と考えたからであった。
　「16歳」の体験は、20代は別格としても、30代以降の人生とは明らかに別物であるという強いモチベーションが育ったのも、自分がアジアの街角に立った時からであった。
　最後の勤務校では、多民族が仲良く暮らすマレーシアのクアラルンプールにその交流校を求めた。
　マレー系、インド系、中国系など多くの民族が一緒に暮らしている街クアラルンプール。異なった宗教や文化、習慣等を持つ人々が手を携えて暮らす街。
　交流校との文化交流では、インド系の生徒はインド舞踊を、マレー系の生徒はマレーダンスを、中国系の生徒は中国の踊りをそれぞれ披露した。民族固有の文化を大切にしながら、同じ国（学校）で学習する多民族国家マレーシア。

（因みに、勤務校は、悩んだ末のダンス「婆娑羅」。通学圏に共通する地域の踊りや唄を持っていないことにぶつかる体験でもあったが、リズム感のあるこの踊りは意外な共感を呼び、現地校の生徒と一体となって会場のフロア全体が盛り上がる時間でもあった）

帰国後、生徒の中には「（思ったことが）一言も話せなかった」などと振り返る者もいたが、実は不思議なもので、まさにマレーシアの人々とよく似た「微笑み」を湛えて校庭に戻ってきたのを思い出している。

彼らは、卒業後ますます進展する国際社会の中で、異なる文化を持つ人々と、自分とは異なる宗教や習慣、価値観等を持つ人々と手を携えて生きていくに違いない。

松本健一は、その著書『砂の文明　石の文明　泥の文明』（岩波現代文庫）において、「石の文明」と「泥の文明」としてヨーロッパとアジアを比較峻別している。

「泥の文明」のアジアでは、「自然」が圧倒的に豊穣であり、例えば、「常に野菜がある」という食生活であるのに比べ、「石の文明」のヨーロッパは、土地は石ばかりであり、農耕・牧畜をするためには、常に石をはがして改良・開発しなければならない。背の低い牧草しか生えないから、牧畜が生業となり、牧草地を求めてその領地を広げようとしてきた。「自然」を変えていかなければ人間が住めない。

そこから「自然の原理」を追究する必要が生じ、ヨーロッパでは自然科学が発達してきた、と述べている。

「自然を大切に（自然を守る）」と発想するアジア（日本）人、

――「元から備わっている豊かな『自然』」。

東インドから東、インドシナ半島・インドネシア等を含め中国南東部から日本までの地域。稲作等が可能な泥の土地を持つ地域（アジア・グリーンベルト）。

それに比べて「自然は改良するものである」と発想するヨーロッパ人、

――「改良することで耕作も可能になる『自然』」。

東アジア（日本）の「内に蓄積する力」とヨーロッパの「外に進出する力」。

「自然」というものの違いが自ずと異なる文明を生み育ててきたアジアとヨーロッパ。まさに歴然とした「異文明」がそこにある、と（Civilization〈英〉）。

さて、この「石の文明」と、ヨーロッパの「石畳」を即座に短絡することはできないが、この二つの「石」は、大きなキーワードとなって私の想像力を掻き立ててきた。

古代ローマ帝国から今のヨーロッパに広く敷設されていった「石畳」。当時未開の地であったヨーロッパ各地に広がっていった「石畳の道」。

現在、車道の多くは日本などと同じようにアスファルト化されているが、歩道の多くは今も石畳を残しているヨーロッパの各都市。

「石畳」は、雨でできるぬかるみの生活から脱するために、道路（路地や広場）などにサイコロ状の石を敷き詰めてできたものであろうから、「物質的なもの」として、「文明」の範疇に入ると思われるが、石畳からはその「精神性」も浮かび、私には「文化的側面」が深く感じられる（Culture

〈英〉）。

　私は、この10年、その「『石畳』の街角に立ってほしい」という想いに満たされてきたのである。「アジアの街角に立つ」と同じフレーズで語るならば、「石畳の街角に立つ」という言い方になるだろうか。

　街角（石畳）に佇むと、まさに「音楽の風」が吹き抜けていく街々。

　音楽ホールへのアプローチにおいて、音楽を鑑賞した興奮と余熱を冷ます帰り途において、私はいくつもの石畳を歩いてきた。

　私の中では「石畳」と「音楽」という二つの言葉が化学反応を起こして、「石畳を音楽の風が吹く」というフレーズを成してきたのである。

(2)「表現者たれ」

　さて、私が、まだ若い吹奏楽の指導者であったころ、楽譜を貼り付けた重い「楽譜ノート」や、３年間着用して少し色あせてしまった「練習着」を手に、卒業に際して「何か一言書いてほしい」と頼まれることがあった。

「今日をスタートにしたい」とまっさらのノートを持ってくる生徒もあった。

　私は当初、特別そういった餞（はなむけ）の言葉を持ち合わせていなかったので、一瞬天を仰いで、しばらく考えてからこの言葉を書いた。

「表現者たれ」

　その後、「日常生活に埋没することなく、表現者たれ」と

いう少し長めのフレーズを書いたこともあった。

　考えてみれば、これらの言葉は、高校生活を通して脇目も振らず「表現活動」をしてきた卒業生に、「３年間の『表現活動としての夥しい時間』を忘れることなく、卒業後も大切にしてほしい」といった私の願いでもあったのだ。

　例えば、来る日も来る日も、トランペットを唇から離さなかった生徒が、学校生活を「生命を輝かせて生きた日々」として振り返ることはあっても、「表現活動」として括ることは意外と難しい。

「高校時代に情熱を傾けたのは、表現活動だった」ということを忘れないでほしい、という切なる願いであったように思う。

「表現活動」とは、言うまでもなく音楽表現や文章表現のみならず、美術関係、演劇や映像等様々な分野を含んでいる。

　授業等では、「『感じたこと』、そして『内なるもの』にかたちを与え、自分の身体の外に出して生きてほしい」と言ったようにも思う。

　また、例えば、「表現」をめぐっては、こんな説明をしたことも思い出している。

　景色の一部として川をぼんやり眺めている時と、釣り竿を持って川面を見つめる時の違いについてである。

　川の中に「魚」がいるかどうか？　といった視線は、川を漫然と眺めている時に比べて、より多くの魚に巡り会うだろう。

「釣り竿」の喩えは卑近かもしれないが、序文でも述べている「吟行」の時の眼差しは、この「釣り竿を持って川面を見つめる視線」によく似ているように思う。

確かに、平素から句作をしている人は、漫然と歩く川辺の散歩からも俳句等は生まれてくるのかもしれない。また、むしろそういった自然体の中から秀句は誕生するのかもしれない。

しかし、吟行の姿勢からは、一層生き生きした川辺の風景が浮かび上がるように思えるのだ。―― 自然も人事も、十七文字の中で新たな命となる。

「感じたから書き留めるのではなく、書き留めようとするから（より）感じる」というパラドックス。

常に、「ことば」を抱えて歩きたい。

表現されたものは、それを読んだ別の人の追体験を呼ぶ。

今回、音楽を聴くために何度かヨーロッパを旅してきたが、もし、書き留めようという意志がなければ、私は単なる「享受者」として、このシリーズの旅を終えるに違いない。

いや、「単なる『享受者』」という言い方には語弊がある。

享受してきた音楽は毛細血管のようにくまなく私の全身に染み渡り、「私の生」を一層豊かなものにしてくれたに違いないからである。

しかし、今、「享受者から表現者へ」という心の広がりこそ、自らが高校生に語ってきた姿勢ではなかったか、と。

207

私にとって、これらかつての「卒業生への 餞 の言葉」は、実は、遠い日の私自身に投げかけた言葉だったようにも思えるのだ。

　自分自身への戒めの言葉だったのかもしれない、と。

　あの高校生の澄んだ瞳を想い起こしながら、今、私はこのリポート「音楽の旅」のペンを擱きたい。

【追記】

　校正等すべての作業が終わった今、出版に際しアドバイスをいただいた櫛田胅之扶先生、田原博明先生、協力をいただいた永井正人先生、そして東京図書出版編集室の皆様をはじめ関係者の皆様に心から感謝を申し上げ結びとしたい。

　さあ、次の音楽の旅が待っている！

2019年3月30日

❧本文中の音楽用語について

❧オペラについての一言メモ
（＊注「オケピット」を含む）

オペラを一言で言うことは難しいが、私なりに短く言えば、「歌によって進行する音楽劇」のこと。つまり、演劇で言えば台詞に当たる部分にも音楽が付いている「音楽ドラマ」のことである。

舞台では、独唱者が、主役や脇役など名前のついた登場人物を演じ、合唱は、多くの場合、群衆などを演じることが多い。

その舞台の前にはオーケストラボックス（オーケストラピット）があり、この通称オケピットにおいて、オーケストラ（管弦楽団）は独唱者などの歌を伴奏するだけではなく、序曲や間奏曲などを単独で演奏するほか、ほぼ全編にわたって演奏する。

中でも、独唱者がその心情を吐露する歌を「アリア」という。このアリアはソロの場合もあれば、独唱者同士による重唱などもある。

また、このアリアとアリアを繋ぐ台詞などを語る音楽を「レチタチーヴォ」という。レチタチーヴォは観衆にドラマの展開（ストーリー）を伝える役割である。

⚜オペレッタ（operetta）（伊）について

　台詞と歌が混じった軽い内容のオペラ。19世紀後半以降パリやウィーンに流行した。

　日本語では喜歌劇、軽歌劇と呼んでいる。

⚜楽劇（musikdrama）（独）について

　ワーグナーが創始したオペラの一形式。旧来のアリア偏重のオペラに対して、音楽と劇の進行を緊密にし、融合を図ったもの。

⚜オーケストラ（orchestra）（英）について

　オーケストラは、日本語では「管弦楽団」と呼ばれている。

　バイオリンなどの弦楽器、トランペットなどの管楽器とティンパニーなどの打楽器によって構成されている。

　オーケストラは、通常、指揮者の指示に基づいて演奏する。

　管弦楽を演奏する団体（philharmonic orchestra）（英）を日本では「フィルハーモニー」「フィルハーモニー管弦楽団」などと呼んでいる。

　大規模なものの中には「交響楽団（symphony orchestra）（英）」、小規模なものには「室内オーケストラ（chamber orchestra）（英）」などがある。

⚜四管編成について

　オーケストラの編成は、19世紀ロマン派のころの編成が標準編成とされる。

　ロマン派以前の古典派などは、編成がもう少し小規模である。ロマン派以降の近・現代的なものは、より大きな編成のものも存在する。

　編成の呼び方の一つに「○管編成」というものがある。

　主要な管楽器の人数によって二管編成、三管編成、四管編成などと呼ぶ。

「四管編成」は、フルートなどの木管楽器のセクションが各4人、トランペットやトロンボーンが各3〜4人、ホルンは4〜8人、バイオリンなどの弦楽器も増え、総勢100名にものぼる大規模編成である。

⚜協奏曲（コンチェルトconcerto）（伊、英、仏）について

　独奏楽器とオーケストラによって演奏される、多楽章からなる音楽。

　例えば、ピアノの独奏とオーケストラの場合は「ピアノ協奏曲」、バイオリンの独奏とオーケストラの場合は「バイオリン協奏曲」という。イタリア語で「コンチェルト」のことであり、「協奏曲」は和名。

⚜コンサートマスター（concertmaster）（英）について

　オーケストラの演奏をまとめるポスト。一般的には第1バイオリンの首席奏者が務める。

　よくあるオーケストラの配置では、向かって左側の最前列に座ることが多い。

　指揮者が入場する前にチューニングの指示を出したり、起立・着席・退席などの指示を出したりするので、客席からもわかる。バイオリンのソロは、通常このコンサートマスターが行う。

　実際は、指揮者の音楽表現を補ったり、指揮者の指示に従って演奏法を細かく指示したりする（時に、指揮者に事故があった場合は、自席で指揮者の代わりをすることもある）。

　まさにオーケストラのリーダーである。

　女性の場合は、コンサートミストレス（concertmistress）と呼ぶ。

⚜セミステージ形式について

　本来のオペラ専用劇場（歌劇場）ではなく、コンサートホールなどで上演するオペラには、まず「演奏会形式」がある。

　この「演奏会形式」は、オーケストラボックス（オケピット）ではなくステージ上で演奏し、オーケストラの前では独唱者が、時にひな壇の上には合唱団が配置されることもある。

この形式では、オペラ用の舞台装置は設置されず、軽く衣装を身につけることもあるが、あくまで演奏中心のコンサートといえる。

「セミステージ形式」というのは、この「オペラ」と「演奏会形式」の間に位置する形式で、やはりオーケストラはステージ上で演奏するが、独唱者や合唱団は、本格的なオペラの衣装ではなく、そのオペラがイメージしやすい衣装を着て登場し、そのイメージを喚起するような動作を伴って歌唱する形式のことである。

⚜交響詩について

　オーケストラで演奏される「標題音楽」のひとつ、英語では「symphonic poem」。

　交響幻想曲「symphonic fantasy（英）」なども「交響詩」に含めることが多い。ロマン派を特徴づける管弦楽曲の形態である。多くは、標題に基づいて単楽章で切れ目なく演奏される。

　19世紀中頃、フランツ・リストが絵画的な要素や詩的な要素を取り入れて、この交響詩（ドイツ語では sinfonische dichtung）を確立した。

⚜エル・システマについて

　ベネズエラで行われている公的融資による音楽教育プログラムの有志組織。1975年「音楽の社会運動」の名の下に設

立。「ベネズエラの児童及び青少年オーケストラの国民的システムのための国家財団」。最近では「シモン・ボリーバル音楽基金」に改称。

❧本文に出てくる音楽関係用語（速度記号）について
この項（伊）
- allegro（アレグロ）「快速に」
- allegro molto（アレグロ　モルト）「快速に　非常に」
- moderato（モデラート）「中くらいの速さで」
- andante（アンダンテ）「モデラートとアダージョの中間の速度（歩くぐらいの速度）」
- adagio（アダージョ）「遅い速度」
- adagietto（アダージェット）「アダージョよりやや速く」

❧本文に出てくるその他の音楽関係用語について
- piano（ピアノ）（伊）
「弱く、柔らかく」音楽記号「p」（「f」はフォルテ）
- dolce（ドルチェ）（伊）
「甘く柔らかに」
- dynamics（ダイナミクス）（英）
「音の強弱の変化によって表情を変えること（「強弱法」の意）」
- tutti（トゥッティ）（伊）
「演奏しているすべての奏者が同時に演奏すること」
- menuett（メヌエット）（独）

「ヨーロッパの舞曲の一つ。４分の３拍子で２小節が一つの単位になっているフレーズ」

- rondo（ロンド）（仏）
「楽曲の形式の一つ。異なる旋律を挟みながら、同じ旋律を何度もくり返す形式。日本語では『輪舞曲』と表記」

- canon（カノン）（英等）
「複数の声部が異なる時点から同じ旋律を演奏する様式。一般的には『輪唱』と訳されるが、カノンでは異なる音で始まるもの等がある」

- コラール（choral）（独）とカンタータ（cantata）（伊）
「コラールは、もともとルター派教会に集まった人々によって歌われるための『賛美歌』であったが、現代では、賛美歌の典型的な形式やよく似た形式を含めて『コラール』と呼ぶことが多い。

また、カンタータは、本来は『歌われるもの』という意味を持つ、オーケストラの伴奏による大規模な声楽曲のことを言う。独唱や重唱・合唱などで構成されるが、オーケストラだけで演奏する場面もある。

キリスト教的なものを『宗教（教会）カンタータ』、それ以外を『世俗カンタータ』と区別していた。この多くの『教会カンタータ』には、合唱の部分に賛美歌が入っており、これが『コラール』と呼ばれ、のちに宗教的響きをする合唱部分をコラールと呼ぶようになった」

- 変奏曲（variations）（英）
「一定の主題と、そのいくつかの変奏からなる楽曲。変奏には、旋律の変形や装飾、リズムや速度の変化、和声の

変化などがある」

- ヒシギ（能楽）
「能の囃子方の一つである『能管』が奏でる、最も高い音域の緊張した鋭い音をいう」

❧ 文中に名前が出ている作曲家と作品

生年順

《曲名の後の＊印は今回の一連の旅で鑑賞した音楽》

作曲家	生年	没年	国籍	文中に名前が出てくる作品
Ｊ・Ｓ・バッハ	1685	1750	ドイツ	▪『ヨハネ受難曲』＊
モーツァルト	1756	1791	オーストリア	
ベートーヴェン	1770	1827	ドイツ	▪『ピアノ協奏曲第４番』＊ ▪『ピアノ協奏曲第５番』＊ ▪『バイオリン協奏曲』＊ ▪『交響曲第５番「運命」』＊ ▪『交響曲第６番「田園」』＊ ▪『交響曲第７番』＊ ▪『交響曲第９番（合唱付き）』
シューベルト	1797	1828	オーストリア	▪『交響曲第４番「悲劇的」』＊ ▪『交響曲第７番「未完成」』 ▪『交響曲第８（９）番「ザ・グレート」』 ▪『魔王』『アヴェ・マリア』『野ばら』
ベルリオーズ	1803	1869	フランス	

メンデルスゾーン	1809	1847	ドイツ	
ショパン	1810	1849	ポーランド	
シューマン	1810	1856	ドイツ	▪『チェロ協奏曲』*
リスト	1811	1886	ハンガリー	▪『交響詩「オルフェウス」』* ▪『ピアノ協奏曲第2番』* ▪『ハンガリー狂詩曲』*
ワーグナー	1813	1883	ドイツ	▪オペラ『さまよえるオランダ人』* ▪オペラ『タンホイザー』* ▪楽劇『ニーベルングの指環』より 『ラインの黄金』(序夜)* 『ワルキューレ』(第1日) 『ジークフリート』(第2日) 『神々の黄昏』(第3日)*
ヴェルディ	1813	1901	イタリア	▪オペラ『ナブッコ』* ▪オペラ『リゴレット』 ▪オペラ『ファルスタッフ』* ▪オペラ『椿姫(ラ・トラヴィアータ)』* ▪オペラ『アイーダ』*
グノー	1818	1893	フランス	▪オペラ『ファウスト』*
スメタナ	1824	1884	チェコ	▪交響詩『我が祖国』から『モルダウ』
J・シュトラウス	1825	1899	オーストリア	▪オペレッタ『こうもり』*

ブラームス	1833	1897	ドイツ	▪『交響曲第1番』* ▪『交響曲第2番』* ▪『悲劇的序曲』* ▪『ハンガリアンダンス第5番』*
チャイコフスキー	1840	1893	ロシア	▪オペラ『エフゲニー・オネーギン』* ▪『交響曲第6番「悲愴」』 ▪バレー『白鳥の湖』*
ドヴォルザーク	1841	1904	チェコ	▪『交響曲第9番「新世界より」』* ▪『チェロ協奏曲』*
グリーグ	1843	1907	ノルウェー	
ヤナーチェク	1854	1928	チェコ	▪オペラ『マクロプロス事件』*
エルガー	1857	1934	イギリス	▪『エニグマ変奏曲』* ▪『愛の挨拶』
プッチーニ	1858	1924	イタリア	▪オペラ『トスカ』*
マーラー	1860	1911	チェコ	▪『交響曲第1番「巨人」』 ▪『交響曲第2番「復活」』 ▪『交響曲第3番』 ▪『交響曲第4番』* ▪『交響曲第5番』* ▪『交響曲第7番「夜の歌」』*
ドビュッシー	1862	1918	フランス	▪『牧神の午後への前奏曲』* ▪舞踏詩『遊戯』* ▪カンタータ『放蕩息子』*

R・シュトラウス	1864	1949	ドイツ	▪『交響詩「英雄の生涯」』* ▪『交響詩「ドン・ファン」』* ▪『アルプス交響曲』
スクリャービン	1872	1915	ロシア	▪『法悦の詩』
瀧廉太郎	1879	1903	日本	
バルトーク	1881	1945	ハンガリー	▪『ピアノ協奏曲第2番』*
シマノフスキ	1882	1937	ポーランド	▪『交響曲第3番「夜の歌」』*
ストラヴィンスキー	1882	1971	ロシア	▪『ナイチンゲールの歌』
ブーレーズ	1925	2016	フランス	▪『ノーテーションから』*
リュブニコフ	1945		ロシア	▪『交響曲第6番』*

（注）この一覧は、あくまで今回の一連の旅行中に名前が浮かんだ作曲家であり、音楽史的に網羅したものではない。また、国籍欄については、それぞれの誕生地を現在の国名で表記した。したがって、当時の国名や主に活躍した国名とは異なる場合がある。

参考文献

『モオツァルト・無常という事』（小林秀雄、新潮文庫）

『ベートーヴェンの生涯』（ロマン・ロラン著、片山敏彦訳、
　　岩波文庫）

『シューベルト』（村田千尋、音楽之友社「作曲家　人と作品
　　シリーズ」）

『人生論ノート』（三木清、新潮文庫）

『藤村詩集』（島崎藤村、新潮文庫）

『砂の文明　石の文明　泥の文明』（松本健一、岩波現代文庫）

鈴江　昭（すずえ　あきら）

【主な略歴】（平成31年３月現在）
京都府立園部高等学校、洛西高等学校、京都府国体局、嵯峨野高等学校勤務の後、園部高等学校教頭、洛西高等学校教頭、京都府立北稜高等学校校長、京都府文化スポーツ部企画専門役を経て、京都府参与（平成31年３月離任）。

【主な役職・受賞等】
京都府吹奏楽連盟　客員
伝統音楽（能楽）普及促進事業実行委員会　特別参与
元京都府高等学校文化連盟　会長
元京都府高等学校国語科研究会　会長など

平成18年度　文部科学大臣教育者表彰　受賞
平成24年度　京都府教育功労者表彰　受賞
平成29年度　関西吹奏楽連盟功労者表彰　受賞など

【主な著書】
『普通の生徒を伸ばすロマン ──「テーマ性のある普通科」の実践』
『感じすぎる君たちへ　普通の生徒を伸ばすロマンⅡ』(以上　文芸社)
『石畳を音楽の風が吹く ── 私のヨーロッパ音楽紀行　ドイツ編』(文芸社セレクション)

街歩き 音楽の旅

── 石畳を音楽の風が吹く II
♫ベルリンからの旅　♫ウィーンへ帰る旅

2019年6月9日　初版第1刷発行

著　者　鈴　江　　昭
発行者　中　田　典　昭
発行所　東京図書出版
発売元　株式会社 リフレ出版
　　　　〒113-0021　東京都文京区本駒込 3-10-4
　　　　電話 (03)3823-9171　FAX 0120-41-8080
印　刷　株式会社 ブレイン

© Akira Suzue
ISBN978-4-86641-236-8 C0095
Printed in Japan 2019
日本音楽著作権協会(出)許諾第1903513-901号
落丁・乱丁はお取替えいたします。

ご意見、ご感想をお寄せ下さい。

[宛先]　〒113-0021　東京都文京区本駒込 3-10-4
　　　　東京図書出版